진로직업 마스터플랜

진로직업 마스터플랜

초판 1쇄 발행 2022년 8월 1일

지은이	theD마스터플랜연구소(김학민)
발행인	조상현
마케팅	조정빈
편집인	김유진
디자인	김희진

펴낸곳	더디퍼런스
등록번호	제2018-000177호
주소	경기도 고양시 덕양구 큰골길 33-170
문의	02-712-7927
팩스	02-6974-1237
이메일	thedibooks@naver.com
홈페이지	www.thedifference.co.kr

ISBN   979-11-61253-59-6 03370

│ 더스 │ 더디 │ 더디퍼런스 │ 마이북 │

진로직업 마스터플랜

theD마스터플랜연구소 지음

더디퍼런스

직업, 삶의 주인공이 되는 길

여러분은 '청소년은 미래의 주인공'이라는 말을 들으면 어떤 기분이 들까? 혹시 여러분에게 다가올 미래 세상을 책임지라는 말처럼 들려 부담스럽지는 않을까?

직업의 관점에서 보면 좀 더 부담스럽게 느껴진다. 청소년은 극소수를 제외하고 직업인이 될 운명을 피할 수 없다. 어른이 되면 직업에 종사하며 우리 사회를 이끄는 역할을 하게 된다. 공장에서 신발을 만들지 않으면, 병원에서 환자를 치료하지 않으면, 학교에서 학생을 가르치지 않으면 사회는 마비된다. 여러분 주변에 있는 어른들은 모두 직업인의 역할을 해내며 사회를 움직였다. 지금 그 일을 오늘의 어른들이 하고 있으며, 다음 차례는 여러분이다.

사회를 책임져야 한다는 말에 움츠러들지도 모르겠다.

그렇다면 어깨를 펴도 괜찮다. 《진로직업 마스터플랜》이 마음의 짐을 조금 덜어줄 테니 말이다. 이 책은 우리 청소년들이 그 정도 의무는 넉넉히 감당할 수 있다는 사실을 알려준다. 누군가는 자신이 아닌 사회를 위해 직업을 가져야 한다는 말에 반발심을 가질지도 모르겠다. 그렇다면 그 마음을 달래기 위해서라도 책장을 넘겨보기 바란다. 직업은 사회는 물론 자신에게도 도움을 준다는 사실도 알게 될 것이다.

청소년에게 직업의 가치를 알리고 미래를 향한 자신감을 심어주는 《진로직업 마스터플랜》의 1장에서는 직업의 의미를 살펴본다. 직업의 객관적 의미를 비롯해 직업이 '나'에게 어떤 의미가 될 수 있는지 진지하게 생각하는 기회를 준다.

2장은 자신에게 맞는 직업을 찾아보는 시간이다. MBTI 검사와 홀랜드 검사를 통해 알맞은 직업을 찾는 방법을 소개한다. 더불어 스스로에게 어울리는 직업을 찾으려면 '나'에 대해 똑똑히 아는 것이 중요한데, 이를 위한 방법도 깊이 있게 다루었다.

3장에서는 이 시대 직업인들의 삶을 조명한다. 특정 직업의 장단점, 빛과 어둠을 현실적으로 보여준다. 청소년이 직업인의 현실을 정확히 알고 직업을 선택할 수 있도록 돕기 위함이다. 또한 직업인이 되기 전 준비해야 할 사항도 꼼꼼하게 정리했다. 마지막 4장은 4차 산업혁명으로 대표되는 미래 사회의 직업과 여러분의 삶에 일어날 변화에 대한 전망이다. 직업의 변화, 그 변화에 청소년이 대비해야 할 점을 다각도로 살펴보았다.

청소년을 '미래의 주인공'이라 부르는 것은 어른들의 일방적 관점일 수 있다. 이것이 싫다면 스스로 미래의 주인공이 되어보는 것은 어떨까? 여러분 스스로 그렇게 되어보는 것이다. 주인공이란 어떤 일의 중심이 되어 주도적인 역할을 하는 사람이다. 사회의 중심이 되고 주도적 역할을 하며 사는 인생을 꿈꾸고 있는가? 이 질문에 미약하게나마 마음이 꿈틀댄다면 자신에게 주인공으로 살아갈 수 있는 능력이 잠재되어 있다고 믿어도 좋다. 이 책이 그 믿음을 확신으로 바꾸어 줄 것이다.

이 사회에서 주인공이 되는 방법이 오직 직업만 있는 것은 아니다. 사랑, 봉사, 헌신 등으로 사회를 빛내는 이들도 주변에 많이 있다. 다만 직업은 보다 유리한 방법이 될 수 있다. 우선 직업으로 삶의 안정을 찾으면 사랑과 봉사와 헌신에 쏟을 수 있는 에너지를 더 얻을 수 있다. 어려운 이에게 물질적, 정신적 도움을 줄 수 있는 힘도 생긴다. 또한 직업의 직무를 통해서 사회에 이바지할 수 있는 길도 열린다.

무엇보다 직업은 '나'를 내 삶의 주인공이 될 수 있도록 돕는다. 직업에는 자존감을 높이고 삶의 보람을 안기는 힘이 있기 때문이다. 높은 자존감과 삶의 보람은 주인공의 필수 조건이다. 이 말이 참인지 거짓인지 《진로직업 마스터플랜》에서 확인할 수 있을 것이다.

theD마스터플랜연구소

차례

1장
직업이란
무엇인가?

직업의 의미와
조건

국립국어원 표준국어대사전에서는 '직업'을 다음과 같이 정의한다.

생계를 유지하기 위하여 자신의 적성과 능력에 따라 일정한 기간 동안 계속하여 종사하는 일.

'한국 최초로 한국문화를 집대성한 대백과사전'이라 불리는 한국민족문학대백과사전이 내린 '직업'의 정의는 아래와 같다.

인간이 생활의 물적 기초를 마련하기 위하여 직장에 일정한 기간 동안 종사하는 경제활동.

이 두 가지 정의에는 한 가지 공통점이 있다. 직업은 '먹고살기 위한 활동'이라는 점이다. 생계유지, 생활의 물적 기초 마련은 먹고살기 위한 인간의 활동이다. 하늘에서 음식이 쏟아지고, 땅에 돈이 굴러다닌다면 직업은 필요 없을지도 모른다. 하지만 그런 일은 일어날 가능성이 없으므로 많은 사람이 직업을 갖는다.

프랑스의 작가 알랭 드 보통은 직업을 "돈으로 보답받기 위해서 사람들을 돕는 일"이라고 말했다. 예를 들어, 치킨이 먹고 싶을 때 대부분의 사람은 치킨집에 주문을 한다. 손수 닭을 키워 치킨을 만들 능력이 없기 때문이다. 주문을 받은 치킨집 사장은 치킨 값을 받고 닭을 튀겨 주문자에게 보낸다. 즉 치킨 값은 '돈으로 받는 보답'이고, 치킨을 요리해 배달하는 것은 주문자를 향한 '도움'이다.

물론 치킨집 사장은 가난한 이들에게 치킨을 공짜로 줄수도 있다. 하지만 이러한 자선 활동은 무한정 이어지기가 어렵다. 그랬다간 몇 달 만에 치킨집이 거덜 날 게 뻔하다.

● 　　알랭 드 보통, 《뭐가 되고 싶냐는 어른들의 질문에 대답하는 법》, 미래엔, 2021년

치킨집 사장은 본인이 굶어 죽지 않으려면 치킨을 팔아야 한다. 돈을 받고 치킨이라는 도움을 사람들에게 주어야 한다. 결국 돈으로 보답받으려고 사람들을 돕는 일 역시 먹고 살기 위한 활동이다.

직업의 조건은 최소 세 가지다. 적어도 경제성, 지속성, 윤리성을 만족시키는 일이어야 한다. 경제성은 세 가지 조건 가운데 첫째로 꼽히는 조건이다. 지속성과 윤리성을 충족하더라도 경제성이 없으면 직업이 되지 못한다. 먹고살기 위한 활동이 바로 경제성에 해당한다. 생계유지는 돈이 있어야만 가능하다.

한 번으로는 부족하다

예를 들어 한 방송국에서 〈고등어 게임〉이라는 드라마 제작에 들어갔다고 해보자. 집단 피구 경기 장면 촬영에 300명의 보조출연자가 필요했다. 방송국은 연예기획사에 보조출연자 섭외를 요청했다. 연예기획사는 회사에 등록된 연기자 중에 200명을 소집했고, 나머지 100명은 1일 아르바이트로 모집했다. 300명의 인원을 지원받은 방송국은 집단 피구 경기 장면을 무사히 촬영할 수 있었다. 이후 연예기획사 회원 200명은 다른 드라마 보조출연에 동원되었고, 아르바이트를 한 100명은 저마다 일상으로 돌아갔다.

연예기획사 회원 200명과 아르바이트를 한 100명의 〈고등어 게임〉 보조출연자가 한 일은 모두 경제활동이다. 보조출연의 대가로 출연료를 받았기 때문이다. 그런데 '보조출연자'라는 직업은 회원들에게만 해당된다. 아르바이트를 한 사람들도 촬영장에서는 보조출연자라고 불리지만, 이들을 직업인이라고 말하기는 어렵다. 일회성으로 출연한 것이기 때문이다.

이처럼 직업의 세 가지 조건 중 하나인 '지속성'을 충족하지 못하면 비록 경제활동을 했어도 직업으로 볼 수 없다. 표준국어대사전과 한국민족문학대백과사전 모두 "일정한 기간 동안"이라는 말을 직업의 정의에 넣었다. 이 '일정한 기간 동안'이 지속성을 뜻한다.

돈만 벌면 그만일까

꾸준히 할 수 있으면서 먹고사는 문제를 해결할 수 있는 일이라면 다 직업일까? 그렇지 않다. 윤리성이 빠지면 곤란하다. 가령 우리 사회에는 도둑, 사기꾼, 조직폭력배로 살아가는 사람이 있다. 하지만 아무도 이들이 하는 일을 직업으로 인정하지 않는다. 범죄로 규정할 따름이다. 그들의 행위가 법률과 윤리에 어긋나기 때문이다.

범죄자들이 먹고살기 위해 벌이는 행동, 다시 말해 범죄는 경제활동이 아니다. 재화나 용역의 생산과 소비와 관련된 경제활동은 합법성이 기본이다. 범죄에는 불법과 위법이 끼어든다. 조직폭력배가 등장하는 영화를 보면 돈을 받고 라이벌에게 폭력을 가하는 장면이 종종 등장한다. 조직폭력배의 이 폭력은 불법적인 용역의 생산이며, 돈을 주고 폭력을 청탁한 행위는 불법적인 용역의 소비이다.

우리나라에 식품위생법이 생겨난 해는 1962년이다. 식품위생법은 식품업을 직업으로 가진 사람들이 위생 문제로 국민 건강을 해하지 않도록 만든 법이다. 1971년 식품위생법을 어겨 국민을 분노하게 만든 대형 사건이 일어났다. 몇몇 두부 업체가 공업용 석회로 두부를 만들다가 적발된 것이다. 가족 밥상의 단골 메뉴인 두부를 석회로 만들었다는 사실에 국민은 큰 충격을 받았다. 두부를 '위법적으로 생산'한 업체 대표들은 철창신세를 졌다. 국가가 윤리성을 어긴 이들의 직업을 박탈한 것이다.

사회를 움직이는 힘

직업은 사회를 움직이는 동력이다. 지하철 기관사, 버스 운전사, 택시 운전사, 자전거 제조업자, 킥보드 제조업자 같은 직업이 없다고 가정해보자. 출퇴근길 도시는 걷거나 뛰어서 출퇴근하는 사람들로 넘쳐날 것이다. 서로 부딪쳐

다치거나 지쳐서 쓰러지는 사람이 생겨나고, 차도는 승용차로 꽉 막혀 마비될지도 모른다.

프로야구의 세계는 어떨까? 프로야구 경기를 치르려면 여러 직업이 움직여야 한다. 선수는 물론이고, 코치, 감독, 경기기록원, 시설관리원 등이 저마다 자신의 직무를 수행할 때 경기가 가능하다. 이들이 힘을 모아 경기를 벌여도 매표원이 매표소 문을 안 열고 잠을 잔다면 관중은 경기를 관람할 수 없다. 응원단장과 치어리더 역시 약방의 감초 같은 직업이다. 이들의 활기찬 응원이 없다면 관람의 재미가 떨어지고, 경기도 밋밋해질 수 있다.

이와 같이 사회는 다양한 직업에 의해 움직인다. 무직자, 실업자, 법적으로 직업을 가질 수 없는 미성년자가 쓸모없다는 말이 아니다. 사회 구조를 직업의 관점에서 보았을 때 직업이 사회의 주요 동력이 된다는 뜻이다. 직업의 관점에서 보면 무직자와 실업자, 미성년자도 결코 무시할 수 없는 동력이다. 이들에 의해 직업상담사, 아동돌보미, 청소년상담사 같은 직업이 활력을 얻을 수 있으므로.

직업, 직업인
그리고 나

직장과 직업인은 무슨 관계일까?

학교에서는 어떤 직업인들이 일을 하고 있을까? 학생을 가르치는 교사, 행정업무를 보는 교육행정직 공무원, 급식을 만드는 영양사, 보안을 책임지는 경비원 등이 있다. 이들 직업은 학교를 움직이는 동력이다.

자동차 회사에서도 다양한 직업을 만날 수 있다. 자동차 설계와 성능 시험을 맡은 연구개발직, 자동차를 조립하는 생산직, 정비를 맡은 서비스직, 고객 관리와 자동차 판매를 기획하는 영업직 등의 직업이 자동차 회사를 이끌어간다.

이렇게 직업을 가진 사람을 '직업인'이라고 한다. 학교도, 기업도 여러 직업인이 모인 직장이다. 직장은 직업인들이 내는 동력으로 움직인다. 만약 학교 영양사가 갑자기 무단결근을 한다면 학생과 교직원들의 식사에 문제가 생길 것이다. 자동차 회사의 경우, 생산직 사원이 사적인 일로 게으름을 피운다면 생산 계획이 틀어질 수도 있다. 이러한 행동들은 모두 직장의 동력을 떨어뜨린다.

직업인은 직장의 동력을 살리기 위해 근면 성실할 의무가 있다. 고용과 임금이라는 권리를 얻으려면 정당한 노동을 제공해야 하기 때문이다. 반면 직장도 직업인에 대해 의무와 권리를 갖는다. 고용과 임금을 주는 것은 의무, 그 대가로 노동을 받는 것은 권리다. 업무 시간을 빼먹거나 고의로 손실을 끼치는 직업인에게 직장은 임금과 고용을 보장할 수 없다.

이와 같이 서로에게 의무와 권리를 갖는 직업인과 직장의 관계는 결국 돈으로 연결되어 있다. 모두 돈을 벌기 위해 의무를 다하고 권리를 누리는 것이다. 돈을 못 벌면 직업인은 생계가 어려워지고, 직장은 존재 여부가 흔들린다. 돈, 즉 경제성은 둘의 관계에서 핵심이다.

직장에서 직업인으로 산다는 것

"지금 통화 3분 넘어가는 거 알지? 한 콜이라도 더 받자."

어느 짧은 컷만화의 대사다. 이 컷만화는 한 홈쇼핑 콜센터 전화상담사가 콜센터 종사자들이 교류하는 인터넷 사이트에 올린 작품이다. 전화상담사라는 직업의 현실을 그렸는데, 많은 공감을 얻었다.

위 대사는 QA(상담품질 관리사)라는 직책의 관리자가 하급자인 전화상담사에게 건넨 말이다. 친절하게 고객을 응대하느라 3분을 넘긴 건데, 상담 시간이 길었다고 지적을 하는 상황이다. 앞선 고객의 상담이 길어지면 뒤선 고객의 대기 시간 역시 길어진다. 오래 기다린 고객은 콜센터에 나쁜 이미지를 가질 수 있다. 또한 근무 시간이 정해져 있기에 특정 고객과 오래 상담하면 다른 고객의 전화를 못 받을 수도 있다. 상담 건수가 적으면 그만큼 일 처리를 못 한 것이기에 콜센터 입장에서는 손실이다.

전화상담사에게는 친절한 응대과 상담 건수, 모두 실적이다. 대체로 전화상담사들은 이 두 가지로 업무 평가를 받고, 인센티브®도 받는다. 따라서 두 마리 토끼를 모두 잡아야만 직장에서 살아남는다. 살아남기 위해서, 전화상담사

● 누군가에게 어떤 행동을 이끌어내기 위해 주는 자극을 뜻하는 심리학 용어. 직장에서는 보통 종업원의 근로 의욕을 높이기 위한 장려금을 가리킨다.

는 친절을 절제할 필요가 있다. 직업인인 '나'는 전화를 한 통이라도 더 받기 위해 친절을 베푸는 시간을 줄여야 한다. 직장에 속한 사람은 '순수한 나'보다 '직업인인 나'를 앞세울 수밖에 없는 환경에 놓인다. 이것이 대다수 직업인의 현실이다.

> "지금 고객님의 전화를 받는 상담사도 누군가의 가족입니다. 상담원이 폭언이나 욕설로 상처받지 않도록 지켜주세요."

콜센터에 전화를 걸었을 때 종종 듣게 되는 자동응답 안내다. 홈쇼핑 업체, 통신사, 공공기관 민원실 등 여러 콜센터에서 이 목소리를 들을 수 있다. 고객의 폭언과 욕설에 시달리는 전화상담사를 위한, 일종의 보호 장치다.

전화상담사를 비롯해 여객기 승무원, 백화점 판매원과 같은 서비스직은 주로 '감정노동'을 한다. 감정노동이란 자기감정은 감춘 채 업무상 정해진 감정만 표현하는 일을 뜻한다. 쉽게 말해 고객이 폭언과 욕설을 해도 친절하게 응대하는 일이다. '순수한 나'는 화를 내고 싶어도 '직업인인 나'는 꾹 참고 미소 지어야 하는 것이다. 그 미소는 '직장이 원하는 미소'이다.

감정노동을 하는 감정노동자가 받는 마음의 상처는 얼

마나 클까? 2021년 근로복지공단의 통계로 짐작 가능하다. 근로복지공단에 따르면 2020년 콜센터 전화상담사의 정신질병 산재[•] 신청은 581건이었다. 2018년 268건, 2019년 331건으로 계속 늘어나고 있는 상황이다. 전화상담사를 '누군가의 가족', 즉 '나'로 여기는 사람이 많지 않다는 반증이다.

나, 동력을 제공하는 사람

앞서 직업은 "사회를 움직이는 동력"이라 표현했다. 이 관점에 비추면 '나'는 직장이라는 사회에 동력을 제공하는 사람이다. 동력을 제공하는 데 '나'를 앞세우면 곤란하다. 직장은 자기감정을 여과 없이 드러내거나 멋대로 행동하는 사람을 기피한다. 앞서 콜센터 전화상담사의 사례에서 보듯, 실제로 많은 직업인들이 '나'를 드러내지 않은 채 살아가고 있다. 직장에서 요구하니까, 또한 직장에서 살아남기 위해 '직업인'을 자기 자신보다 전면에 드러낸다.

직업인이라면 경제성과 동떨어진 삶을 살지 않는 한 '순

•　'산업재해'의 줄임말로, 근로자가 일하다가 생기는 질병, 장해, 사망 등의 재해를 일컫는다. 산재 피해를 입은 근로자는 근로복지공단에 신청해서 보상을 받을 수 있다.

수한 나'로만 살기는 거의 불가능하다. '나'를 뒤로 밀어둔 삶에서는 행복하기도 어렵다. 때문에 많은 직업인이 행복해지려고 나름 노력을 한다. 취미 활동, 각종 강습, 동호회 활동 등으로 행복을 찾고자 노력한다. 직장에서는 철저히 직업인으로 살면서 퇴근 후 가정이나 사생활에만 집중하는 사람도 있다.

일 자체에서, 직업인의 삶 속에서 행복을 얻는 사람도 있기는 하다. 다만 이런 사람은 대체로 본인이 하고 싶은 일을 직업으로 삼은 부류다. 예를 들어, SBS 예능프로그램 〈런닝맨〉의 안방마님 송지효를 꼽을 수 있다. 송지효의 별명은 '소지효'다. 소지효는 '소처럼 일하는 송지효'라는 뜻이다. 20년 동안 영화, 드라마, 예능 등 다양한 장르에서 꾸준히 활동한 그녀에게 팬들이 붙인 별명이다. 2021년 8월 18일 〈스타뉴스〉와의 인터뷰에서 송지효는 자신을 워커홀릭 같다고 말하면서도 소처럼 일하는 게 즐겁다고 덧붙였다.

일(work)과 중독자(-holic)의 합성어인 '워커홀릭(workaholic)'은 일중독자란 뜻이다. 일만 하고, 일을 최고라 여기는 사람을 뜻한다. 워커홀릭은 두 부류다. 일을 안 하면 불안해서 일에 빠지는 부류와 송지효처럼 일이 좋고 즐거워서 일에만 매달리는 부류이다.

전자보다는 후자가 행복한 삶을 산다. 물론 후자에 속한 워커홀릭도 어느 날 갑자기 일에만 빠져 있는 자신을 알아차리고 훌쩍 일터를 떠나기도 한다. 여행작가 중에는 이런 과거를 가진 사람들이 제법 있다. 갑자기 또는 우연히 떠난 여행에서 진짜 행복과 진짜 나를 만나서 아예 여행작가가 된 사람들이다.

송지효도 훗날 어떻게 변할지는 모르겠지만, 평소 여러 언행으로 짐작해보면 지금은 행복해 보인다. 행복한 직업인으로 보인다. 어쩌면 대한민국의 수많은 직업인들이 그녀를 부러워할지도 모르겠다.

성공을 위해 직업인의 마음으로

전화상담사라는 직업의 현실이 어둡고 우울하기만 한 것은 아니다. 회사의 실적 강요, 고객의 무시, 목 건강 악화 같은 고통이 있지만, 그들만의 보람도 있다. 한 예로 고용노동부의 콜센터인 〈1350〉에서 고용보험, 실업급여, 출산휴가 관련 상담을 하는 어느 전화상담사는 자기 일이 무척 재미있다고 했다. 민원인들이 상담을 받고 잘 이해했다고 하면 굉장히 뿌듯하다고도 했다.[*] 또한 안전보건공단의 유튜브 방송 〈콜센터지만 괜찮아〉 편에 출연한 우체국 콜센터 직원들 역시 "감사합니다"라는 민원인의 한마디에 큰 보람을 느낀다고 입을 모아 말했다.

반면 연예인은 겉으로 보기와는 다르게 즐겁지만은 않은 직업이다. 대다수 연예인은 연예기획사에 소속되어 일한다. 그들은 엄밀히 말해 회사의 직원 신분이다. 때문에 회사의 지시에 따라 내키지 않는 프로그램에 출연하거나, 회사가 짜놓은 빡빡한 스케줄에 얽매이는 경우가 잦다. 팬들의 지나친 관심과 요구 혹은 비판도 회사의 이익을 위해 웃음으로 넘겨야 할 때가 많다.

프로그램 안에서는 연출자, 스태프, 다른 출연자와 조화를 이루어야 할 의무가 있다. 제멋대로 행동하거나 자기 의견만 고집하면 프로그램에 해가 된다. 출연자가 감정을 다스리고 행동을 조심하고 남을 배려할 때 프로그램의 성공 가능성이 높아진다. 이 성공을 위해 연예인은 직업인의 마음으로 임해야 한다. '나'를 뒤에 세워야 하는 것이다.

[*]   고용부 위탁전화상담원 "일에 보람 느끼지만 동일노동·차별처우 해소돼야", 〈참여와 혁신〉, 2021. 11. 15

여러분의 학교생활을 생각해보자. 하루하루가 너무너무 재미있기만 한가? 그렇다면 대한민국에서 가장 행복한 사람일지도 모른다. 아마도 절대다수가 때로 즐겁고, 때로 힘겨운 학창 시절을 보내고 있을 것이다. 분명한 것은 마음가짐에 따라 행복할 수도, 괴로울 수도 있다는 사실이다. 직장생활에서도, 직업인의 삶에서도 이 사실은 크게 달라지지 않는다.

그래도 적성과 능력에 따라

표준국어대사전이 내린 직업의 정의를 다시 살펴보자. 한국민족문학대백과사전의 정의와 눈에 띄게 다른 점이 있다. "자신의 적성과 능력에 따라"라는 부분이다. 표준국어대사전에서는 '직업'을 적성과 능력에 따라 종사하는 일이라고 풀이했다.

적성과 능력에 딱 맞는 직업을 갖고 있는 사람이 얼마나 될까? 직장생활을 하는 부모, 친척, 선배 등에게 물어보고 어떤 답이 돌아오는지 확인해보자. 배짱이 있다면 담임선생님에게 "선생님은 교사라는 직업이 적성과 능력에 맞아요?"라고 물어보자. 장난삼아 물어보지 말고 정말 궁금한 마음으로 질문하면 어른들도 잘 대답해줄 것이다.

적성과 능력에 맞는 직업을 갖기란 쉽지 않다. 교사가 적성에 맞아도 교원 자격증을 따지 못하면 교단에 설 수 없다. 노래를 잘 불러도 대중을 사로잡을 매력이나 개성이 부족하면 가수로 데뷔하기 힘든 것이 현실이다.

로봇공학자를 꿈꾸어도 로봇을 만들 경제력이 없으면 꿈을 포기해야 할 상황을 맞을 수도 있다. 경찰공무원이 될 능력은 충분하지만 불의의 사고로 시력을 잃었다면 응시 자격조차 얻지 못한다.

이와 같이 여러 가지 사정으로 원하지 않는 직업의 길로 들어서는 사람이 적지 않다. 그런데 왜 표준국어대사전은 직업의 정의에 "자신의 적성과 능력에 따라"라는 말을 넣었을까? 어쩌면 그런 직업을 얻기를 바라는 모든 이의 마음을 담았는지도 모르겠다.

현실적으로 쉽지는 않지만 가능하면 자신의 적성과 능력에 맞는 직업에 도전하는 것이 좋다. 좋아하는 일, 잘하는 일을 할 때 보다 행복에 가까워질 수 있기 때문이다.

청소년기, 직업을 알아가는 시간

교육부와 한국직업능력개발원의 '2021년 초·중등 진로교육 현황조사'에 따르면 중고등학생의 희망 직업 1위는 교사이다. 교사는 중학생 9.8퍼센트, 고등학생 8.7퍼센트의 지지를 받았다. 교사가 1위를 차지한 것은 2019년부터 3년

연속이다. 해당 조사에서 초등학생의 경우 교사는 3위(6.7퍼센트)에 올랐다.

인기가 높다면 만족도도 높을까? 한국직업정보시스템(워크넷)의 2020년 조사에서 중고등학교 교사의 직업 만족도는 77.6퍼센트로 나타났다. 초등학교 교사는 77.9퍼센트를 기록했다. 한편 연예인인 가수의 직업 만족도는 64.6퍼센트, 영화배우 및 탤런트는 만족도가 70.2퍼센트다. 연예인의 만족도도 높은 편인데, 교사가 더 높다. 교사의 직업 만족도는 대체로 높다고 볼 수 있다.

그런데 비율은 낮지만 20퍼센트가 넘는 교사가 자기 직업에 만족하지 못한다. 연예인도 25~30퍼센트에 가까운 사람이 자기 직업에 만족하지 못한다. 교사와 연예인이 직업인 사람들은 대부분 그 일에 적성도 맞고 능력도 되는 사람들일 텐데 말이다.

어떤 직업이든 임금, 근무 환경, 복지 수준, 비전 등은 직업 만족도의 기준이 된다. 이 기준은 개인차가 있기 때문에 그에 따라 직업 만족도도 다르다. 또한 자신이 마음속으로 그렸던 직업의 세계와 실제가 다를 때 많은 사람이 실망을 느낀다. 교사의 경우 학생 지도보다 행정 업무에 더 쫓기거나, 자신의 지도 방법이 학생에게 먹히지 않을 때 만족도가 떨어질 수밖에 없다. 학생과 학부모의 교권 침해도 불만족의 주원인이다. 연예인의 경우 인기가 시들해지면 일단 낙담하게 된다. 악성댓글, 기획사의 횡포, 낮은 출연 분량 등도 연예인의 직업 만족도를 떨어뜨리는 원인이다.

늘 꽃길만 걷는 직업은 세상에 없다. 전교 1등도 나름 학교생활에 고충이 있는 것과 비슷한 이치다. 청소년기는 세상의 수많은 직업 가운데 자신에게 조금이라도 더 맞는 직업을 알아가는 시간이다. 그러면서 꿈을 꾸는 시기이다. 꿈은 꾸되 지나친 환상은 품지 않는 것이 낫다. 환상은 어둡거나 부정적인 면을 가려버린다. 그 환상에 빠지지 않으려면 직업을 다각도에서 보는 안목을 키워야 한다. 그러기 위해서는 직업에 관한 정보와 지식을 적절히 이용할 줄 알아야 한다.

왜 직업을
가져야 하는가

경제력을 무시할 수 없는 직업

2020년 6월 〈개그콘서트〉가 폐지됐다. 1999년 9월부터 오랜 세월 인기를 얻은 〈개그콘서트〉는 KBS뿐만 아니라 대한민국을 대표하는 코미디 프로그램이었다. 하지만 갈수록 시들해지는 재미와 떨어지는 시청률을 극복하지 못하고 끝내 막을 내렸다.

개그콘서트가 폐지되면서 지상파 방송 3사(KBS, MBC, SBS)의 코미디 프로그램도 사라졌다. 이 일로 개그맨들의 일감이 줄어들었다. 개그콘서트에서 활약했던 개그맨들은 뿔뿔이 흩어졌고, 저마다 살길을 찾았다. 당장 밥벌이가 급한 사람은 대리운전, 택배 같은 일을 하며 개그 무대 복귀를 꿈꾸었다. 유튜브라는 새로운 무대에 서는 사람도 생겨났다. 그들은 개성 있는 콘텐츠로 유튜브에서 자신만의 개그를 선보였다. 개그맨이자, 유튜버 크리에이터라는 직업까지 더하며 변신을 꾀한 것이다.

어떤 직업이든 일감이 줄면 직업을 유지하기가 어렵다. 그 누구든 직업을 잃으면 생활의 기반이 흔들린다. 그야말로 살아갈 일이 막막해진다. 개그맨이라고 예외일 수 없다. 〈개그콘서트〉 개그맨들의 변신은 그 막막함에서 벗어나려는 몸부림이었다.

오직 돈을 벌려는 마음 하나로만 개그계에 뛰어든 개그맨은 극히 드물다. 대다수는 개그에 재능이 있어서, 남이 웃는 모습에 보람을 느껴서 그 길을 선택한다. 하지만 경제적인 면에서 완전히 자유로울 수 있는 개그맨 역시 찾아보기 힘들다. 그 누가 생계에서 자유로울 수 있겠는가. 〈개그콘서트〉 개그맨들에게서도 그 모습이 엿보였다. 개그라는 꿈을 펼치고 개그맨이라는 직업을 지키기 위해서라도 그들은 경제력이 절실히 필요했다.

소속감이 주는 행복

2021년 7월, 보건복지부와 한국생명존중희망재단은

〈2021 자살예방백서〉를 발간했다. 백서에서는 실업자[*] 및 비경제활동인구[**]와 취업자의 자살생각률을 보여주었다. 2019년 조사 결과인데, 실업자 및 비경제활동인구의 자살생각률은 6.5퍼센트였다. 이는 취업자(3.2퍼센트)보다 두 배가 넘는 수치였다. 남녀별로, 연령대별로 구분한 조사에서도 모두 취업자보다 실업자 및 비경제활동인구의 자살생각률이 더 높았다.

한편 중소기업중앙회와 한국자살예방협회는 2020년 12월 〈중소기업 일자리 편견과 청년 자살예방〉이라는 보고서를 발표했다. 해당 보고서는 이삼십대 청년의 경우 실업이 1년 이상으로 길어질 때 자살로 이어지는 일이 많다는 분석을 내놓았다. 경제력이 바닥나면 활동 폭이 좁아지고, 그 여파로 대인관계가 끊어지고, 이후 밀려오는 고립감 속에 극단적 선택에 이른다는 것이다. 번번이 구직에 실패할 때마다 떨어지는 자존감 또한 청년 실업자를 죽음으로 내모는 압력이다.

두 자료는 직업이 삶과 죽음에 미치는 영향력을 짐작하

---

[*] 일할 의사와 능력이 있는데도 일을 못 하고 있는 사람.

[**] 일할 능력이 전혀 없거나, 능력은 있지만 일할 의사가 없는 사람.

게 만든다. 실업과 자살의 인과관계가 명확하다고 단정 짓기는 어렵지만 일정 부분 관계가 있는 것만은 틀림없다. 사람은 어딘가에 소속되어 있을 때 안정감을 느낀다. 실제로 많은 사람이 자신이 소속된 곳에서 활동하며 안정감과 더불어 존재감, 성취감, 자존감도 얻는다. 이와 같은 감정들을 뭉뚱그리면 '행복'이라 표현할 수 있을 듯하다. 동아리, 동호회, SNS 커뮤니티 같은 다양한 형태의 '모임'이 존재하는 바탕에는 사람들 속에서 행복을 찾으려는 욕망이 존재한다.

직업은 좁게는 직장, 넓게는 사회에 소속되어 있다는 믿음을 준다. 그 믿음은 행복의 토대다. 물론 직업이 있는 사람이라고 다 행복한 것은 아니지만, 직업이 없는 사람보다 상대적으로 행복할 가능성이 더 높다.

더 나은 삶으로 다가가기

건축가로서 고속철도(KTX) 시설 공사에 참여한 김세종은 《최선의 공간을 꿈꾸는 건축가》의 저자이기도 하다. 그는 이 책에서 나무와 풀로 둘러싸였던 곳이나 텅 빈 대지였던 곳이 건축가의 손을 거쳐 멋진 공간으로 탄생할 때 성취감과 보람을 느낀다고 말했다. 아울러 자신의 건축물이 적어도 100년은 존재하면서, 그곳을 찾은 사람들의 미래와 함께한다는 상상을 하면 더없이 행복하겠다고 고백했다.

정형외과 전문의 이재헌은 국경없는의사회●의 활동가이다. 그는 2016년부터 요르단, 아이티, 팔레스타인 등 치안이 불안하고 무력 분쟁이 끊이지 않는 위험한 곳에서 구호 활동을 펼쳤다. 구호 활동 중에 일기를 써서 《국경없는 병원으로 가다》라는 책을 쓰기도 했다. 그 책에는 발의 동맥이 찢어져 피가 흐르지 않던 환자를 수술한 경험이 담겨 있다. 새벽까지 밤샘 수술을 했던 그는 환자의 혈관이 살아나 다시 피가 흘렀을 때 짜릿했다고 했다. 다음 날 오후 몸이 천근만근 무거웠지만 환자의 발에 온기가 도는 것을 보고 마음이 깃털처럼 가벼워졌다고 했다.

건축가 김세종이 느낀 성취감과 보람, 의사 이재헌이 느낀 짜릿함과 가벼움, 이 감정들은 모두 직업을 통해 얻은 것이다. 자신의 직업 안에서만 가질 수 있는 특별한 감정이다. 특별한 감정은 스스로를 가치 있게, 삶을 더욱 반짝이게 만든다.

● 정치, 종교, 국경과 관계없이 지구촌의 모든 고통받는 사람들에게 의료 및 구호 활동을 하는 자원봉사단체. 의사, 간호사, 기타 의료 요원들로 구성된다.

2021년 개봉한 〈모가디슈〉는 실화를 바탕으로 만든 영화다. 영화 제목은 아프리카의 먼 나라 소말리아의 수도 '모가디슈'에서 따왔다. 영화와 실화는 조금 다른데, 실화를 바탕으로 서술하면 아래와 같다.

때는 1991년, 모가디슈는 정부군과 반군의 내전으로 죽음의 도시로 변해가고 있었다. 물, 전기, 통신이 끊기고 기관총을 든 무장강도까지 판치는 지옥에서 목숨을 건 탈출을 시도하려는 사람들이 있었다. 소말리아 초대 대사였던 강신성(영화에서는 한신성)과 그 일행이었다.

대한민국은 1988년 서울올림픽으로 국제적 위상을 높였다. 하지만 선진국으로 발돋움하려면 유엔(UN: 국제연합) 가입이 필요했다. 유엔 가입은 기존 회원국의 투표로 이루어지는데, 그 시절 회원국이었던 소말리아의 한 표를 얻기 위해 우리 정부는 외교에 공을 들이고 있었다. 그러던 중 내전으로 모가디슈 전체가 마비되자 탈출해야 할 상황에 이른 것이다.

강신성 대사의 일행은 모두 일곱 명, 그들은 대사관 직원과 교민이었다. 강신성 대사는 무장경비가 지키는 자신의 외교관 관저로 이들을 불러들여 생사를 함께하기로 작정했다. 자국민 보호라는 외교관의 임무를 잊지 않은 것이다.

일행과 탈출을 도모하던 어느 날, 강신성 대사가 보호해야 할 사람이 갑자기 스무 명으로 늘어난다. 북한 외교관 식구들까지 합류하게 된 것이다.

당시 북한도 유엔 가입을 위해 소말리아 외교에 총력전을 펼치고 있었다. 북한 외교관들은 남한과 외교 경쟁을 벌였는데, 내전 상황에서 무장강도에게 도둑맞고 노숙자 신세가 되어버렸다. 그래서 무작정 모가디슈 공항으로 도망 왔다가 마침 비행기로 탈출을 꾀하던 강신성 대사 일행과 마주친 것이다. 강신성 대사는 통신이 살아 있는 공항의 도움을 받아 한국 정부에 구조기를 요청해둔 상태였다.

하지만 약속했던 구조기는 오지 않았다. 공항 관제탑 교신 오류로 애초 구조기가 배정되지 않았던 것이다. 기대에 부풀었던 한국 대사관 식구들은 다시 관저로 돌아가야 할 처지에 놓였다. 발길을 돌리려던 강신성 대사의 눈에 오갈 데 없는 북한 대사관 식구들이 자꾸만 밟혔다. 고민 끝에 그는 북한 대사에게 도움의 손길을 내밀었다.

"우리 관저로 갑시다."

이후 북한 대사관 식구 중 한 명이 사망하지만, 남은 인원은 무사히 모가디슈를 벗어난다. 이탈리아 대사관이 구조기를 마련해주어 케냐로 피신할 수 있었던 것이다. 이 과정에서 강신성 대사의 헌신과 희생이 있었다. 이탈리아 구조기는 작아서 북한 대사관 식구들을 태울 수 없는 형편이었다. 남한 사람들만 먼저 떠나라는 이탈리아 대사에게 강신성 대사는 무릎을 꿇었다.

"제발 비행기를 한 대 더 마련해주십시오."

강신성 대사의 눈물 어린 호소는 이탈리아 대사의 마음을 움직였다. 외교관으로서 자존심을 굽힌, 인류애와 동포애를 앞세운 강신성 대사의 행동이 여러 명의 생명을 구한 것이다.

소말리아에서 외교 전쟁을 벌이던 당시, 한국과 북한은 불편한 관계였다. 한국이 속한 자유 진영과 북한이 속한 공산 진영이 팽팽하게 대립하던 때이기도 했다. 그러한 때에 북한 외교관 일행과 함께한 강신성 대사의 행동은 거의 모험에 가까웠다. 자국과 자국민의 이익을 우선시해야 하는 외교관에게 걸맞지 않은 행동일 수도 있었다. 하지만 강신성 대사는 직업보다 생명을 더 중요하게 생각했다. 직업의 힘으로 생명을 구한 셈이다.

훗날 많은 사람들이 강신성 대사의 용단에 감동하고 박수를 보냈다. 그의 일화는 직업이 단순히 사회를 움직이는 동력에 불과한 것은 아니라는 사실을 가르쳐준다. 직업은 우리 사회를 밝고 따스하게 만드는 빛이 될 수도 있다.

오토바이레이싱에서 레이서는 경주 내내 일정한 속도로 달리지 않는다. 경주장 지형과 풍향에 따라 전략적으로 속도를 조절한다. 어디서 감속할 것인지, 혹은 가속할 것인지, 순간순간의 판단이 승패를 가름한다. 여기서 가속하는 정도는 속도를 미분한 것이고, 주행 거리는 시시각각 변하는 속도를 적분한 것이다. 물론 레이서는 미적분 따위를 신경 쓰지 않는다. 경험과 감으로 승부한다. 하지만 레이서를 뒷받침하는 스태프들은 다르다. 그들은 어느 지점에서 어떻게 가속하면 이길 수 있을지 시뮬레이션을 되풀이해서 전략을 세운다. 바로 이때 미적분을 응용한 컴퓨터 소프트웨어를 사용한다.

위 내용은 히가시노 게이고의 소설《용의자 X의 헌신》의 한 장면을 요약한 것이다. 고등학교 수학교사인 주인공 이시가미가 왜 수학을 배워야 하는지 따지는 학생에게 설명하는 대목이다. 그 학생은 오토바이 타기를 즐긴다.

'이딴 거 배워서 어디에 써먹나?'

학생 또는 학생이었던 사람이라면 누구나 한 번쯤 이런 생각을 해보았을 것이다. 진로를 찾아가는 학창 시절에 자연스럽게 품을 수 있는 의문이다.《용의자 X의 헌신》의 이 장면은 전혀 허황된 이야기가 아니다. 가령 만화가나 배우를 꿈꾸는 학생이라면 더욱 생생하게 와닿을지도 모른다.

직업은 공부한 것을 써먹는 장이 될 수 있다. 이시가미의 설명처럼, 장차 소프트웨어 개발자가 되는 학생은 학교에서 배운 미적분을 써먹을 수 있다. 미적분을 응용한 컴퓨터 소프트웨어를 만드는 것이 소프트웨어 개발자의 일이다. 또한 레이싱팀의 기술팀에서 일하게 된다면 직접 미적분을 활용하지는 않아도 열심히 공부한 수학이 일하는 데 도움이 될 것이다.

학교 교과 과정의 공부는 단적인 예일 뿐이다. 직업의 대다수는 공부와 연관된다. 배우고 익힌 것을 일하면서 써먹을 수 있다는 뜻이다. 직업을 얻은 뒤에도 공부의 끈을 놓지 않아야 직업인으로 성공할 가능성이 높아진다.

예를 들어, 셰프가 되려면 당연히 요리를 공부해야 한다. 그런데 자신의 요리 세계를 맘껏 펼치는 저명한 셰프가 되려면 직업을 얻기 위해 매달린 공부만으로는 부족하다. 새롭고 창의적인 요리에 대한 공부를 끊임없이 지속해야 한다. 그것을 실천하는 셰프만이 저명한 셰프로 우뚝 선다.

더 잘 놀기 위해 일한다

"열심히 일한 당신, 떠나라!"는 2002년 현대카드의 광고

카피다. 당시 후발 주자였던 현대카드는 이 한 줄로 업계를 주름잡았다. 이 카피의 성공 비결은 단순명료하다. 어디론가 훌쩍 떠나고 싶지만, 먹고살기 위해 직장에 얽매여야 하는 직업인의 마음을 꿰뚫어본 것이다.

직업이 있으면 일에만 파묻혀 살게 될 수도 있다. 하지만 반대로 잘 노는 데도 도움이 된다. 열심히 일한 후에 노는 재미는 꿀맛이다. 직업이 없어 24시간 한가한 사람보다 직업인이 더 잘 놀 수 있다. 보통 퇴근 후나 휴무일에 놀아야 하는 직업인은 물리적으로 노는 시간이 부족하기 때문에 시간을 허투루 쓰지 않고 알차게 쉬고 즐긴다.

직업인의 경제력도 노는 데 유리하게 작용한다. 가령 돈이 없으면 해외여행이나 고급 레포츠 등을 즐기는 데 여러모로 불리하다. 물론 집에서 뒹굴거려도 본인만 행복하면 그만이지만, 놀이를 통해 새롭고 값진 체험을 할 수 있는 기회는 아무래도 경제력을 가진 사람이 더 많이 얻는다. 이렇듯 사람들은 더 잘 놀기 위해 더 열심히 일하는지도 모른다.

직업은 어떻게 생겨날까?

한국직업정보시스템에 따르면, 2020년 〈한국직업사전〉에 수록된 우리나라 직업 수는 12,823개, 직업명 수는 16,891개다. 2012년에는 직업 수 9,298개, 직업명 수 11,655개였다. 8년 전에 비해 꽤 늘었다. 여기서 직업명 수가 직업 수보다 많은 이유는 같은 직업인데 직업 현장에서 부르는 이름이 여러 가지이기 때문이다. 가령 택시운전원의 경우 직업 현장에서는 택시기사, 택시운전사라는 이름으로도 부른다.

2012년에 비해 2020년에 직업이 늘어난 이유는 무엇일까? 노동 환경, 경제 환경, 기술 수준, 사회 문화가 다각도로 변하면서 직업이 세분화되고 다양해졌기 때문이다. 음식배달직만 봐도 그렇다. 지금은 배달비를 지불하고 치킨을 시키는 일이 일상이지만, 2010년대 중반까지만 해도 배달비를 내는 것은 무척 생소한 일이었다. 당시 배달원은 치킨집에서 직접 고용한 직원인 경우가 대부분이었다. 치킨집에서 월급을 받는 배달원을 위해 소비자가 배달비를 낼 이유가 없었다.

소비자가 배달비를 내게 된 이유는 무엇일까? 그것은 배달 대행업체와 '배달의 민족'으로 대표되는 배달 플랫폼의 출현과 맞물린다. 치킨집이 배달원을 직원으로 둘 경우 월급 외에 보통 교통사고 보험료, 오토바이 구입비 및 유지비 등을 부담한다. 치킨집 입장에서 이 비용은 부담스럽다. 배달원도 치킨집에 소속되기보다는 배달 대행업체나 배달 플랫폼을 통해 일하는 방식을 선호한다. 비교적 자유롭게 일할 수 있고, 배달 건수에 따라 수입도 더 올릴 수 있기 때문이다. 즉 치킨집과 배달원, 양쪽의 이해관계가 맞아떨어진 덕분에 배달 대행업체와 배달 플랫폼이 태어날 수 있었다. 그것은 배달 대행 사업자, 배달 플랫폼 사업자라는 새로운 직업의 탄생이었다.

미래 사회로 나아갈수록 노동 환경, 경제 환경, 기술 수준, 사회 문화는 더욱 다각도로 변할 것이다. 미래는 퇴보가 아닌 발전을 향해 나아가고 있고, 발전은 변화를 통해

이루어진다. 따라서 직업은 한층 세분화되고 다양해질 전
망이다.

문제가 있는 곳에 직업이 생긴다

알랭 드 보통의 견해를 되새겨보자. 그는 직업을 "돈으로
보답받기 위해서 사람들을 돕는 일"이라고 정의했다. 도움
이 필요하다는 것은 뭔가 문제를 안고 있다는 뜻이다. 치킨
집에 치킨을 주문하는 사람에게는 '치킨이 먹고 싶은 욕망'
이 바로 문제이다. 그런데 치킨을 즐기는 사람이 대한민국
에 딱 한 명뿐이라면 치킨 사업자라는 직업은 생기지 않았
을 것이다. '국민 간식'이라 불릴 만큼 좋아하는 사람이 많
기에 치킨집이 동네마다 몇 개씩 있는 것이다.

직업의 관점에서 여러 사람이 공통된 문제를 가지면 자
연스레 '시장'이 형성된다. 시장은 직업 탄생의 촉진제가
되며, 시장이 커지면 직업은 안정적으로 자리 잡는다. 치킨
사업자라는 직업은 여기에 딱 맞는 사례이다. 온 국민이 하
루아침에 채식주의자가 되지 않는 한 치킨 사업자는 사라
지지 않을 것이다.

유엔의 기준에 따르면 65세 이상 노인 인구 비중이 7퍼
센트를 넘으면 고령화사회, 14퍼센트를 넘으면 고령사회,
20퍼센트를 넘으면 초고령사회에 해당한다. 우리나라는

2000년에 고령화사회, 2017년에 고령사회로 접어들었다. 2026년엔 초고령사회에 진입할 전망이다. 나라가 늙어가는 속도가 세계 최고 수준이다. 노인 인구가 늘어나는 이유는 건강과 위생 상태가 좋아지고 보건과 의료 기술이 발전하고 있기 때문이다. 출산율이 저조한 상황에서 고령 인구가 늘면 연금, 의료비, 부양 등에 대한 젊은이의 사회적 부담이 증가한다. 사회 전체의 노동력도 감소해서 경제가 흔들린다. 노인 소외, 노인 범죄 같은 사회 문제도 발생한다.

고령화사회가 시작되며 출산율은 더 곤두박질쳤다. 그러자 고령화 시대를 대비해야 한다는 국민적 공감대가 이루어졌다. 보건복지부장관이었던 고(故) 김근태는 노인장기요양보험법 법안을 만들고, 후임자 유시민은 법안이 국회에서 의결되도록 애를 썼다. 두 장관의 노력으로 2007년 노인장기요양보험법이 제정되었다. 이 법에 따라 노인들은 치매, 중풍 같은 노인성 질환으로 독립적인 생활이 어려워졌을 때 가정이나 노인복지시설에서 요양서비스를 받게 되었다.

요양서비스가 생겨나자 당연히 이를 제공할 인력이 필요해졌다. 정부는 2008년 국가전문자격증을 만들어 곁에서 노인을 돌볼 '요양보호사'를 길러내기 시작했다. 노인복지시설도 여럿 지어 관련 종사자들을 끌어모았다. 일련의 과정은 고령화라는 사회 문제로 새로운 직업이 빛을 보게 된 배경을 보여준다.

직업은 사라지고 다시 생긴다

과거 물장수라는 직업이 있었다. 조선 후기인 19세기 말부터 8·15 광복 무렵까지 맥을 이어간 추억의 직업이다. 물지게에 물동이를 매달아 동네방네 물을 날랐던 물장수는 수입이 꽤 쏠쏠했던 인기 직업이었다. 이 직업이 자취를 감춘 원인은 단순하다. 수도가 널리 공급되면서 물장수에게 물을 살 일이 없어졌기 때문이다. 이처럼 시장이 사라지면 직업도 설 자리를 잃게 된다.

물장수의 역할을 수도가 대신하면서 새로운 직업이 생겨났다. 수도기술연구원, 수질관리원, 수도자재 사업자, 수도요금 관리원, 그리고 책임자인 수도국장(지금의 상수도사업본부장)까지…. 수도의 보급은 사회의 발전을 의미한다. 이는 물장수에게는 슬픈 일이었지만 여러 관련 직업이 생겨나면서 사회는 더 풍요로워졌다. 이와 같이 직업은 사회의 발전과 걸음을 같이하기도 한다.

이번에는 사회 발전상을 보여주는 드론과 직업의 관계를 살펴보자. 세계적인 온라인 쇼핑몰 아마존은 2016년 첫 드론 택배 배송에 성공했다. TV 셋톱박스와 팝콘 한 봉지를 신고 간 드론이 주문자의 집 앞에 사뿐히 내려놓고 유유히 떠난 것이다. 주문 접수부터 배송 완료까지 걸린 시간은 30분, 이 혁명적인 사건은 드론 택배 시대의 기대감을 더욱 앞당겼다.

아직까지 드론 택배 시대는 열리지 않았다. 혁명의 선봉장이었던 아마존도 기술이 완벽하지 못해 상용화를 실현하지 못했다. 하지만 여전히 많은 사람들이 머지않은 미래에 드론 택배 시대가 오리라 믿고 있다. 사실상 이 믿음은 이루어질 것으로 보인다. 2022년 인천광역시는 국토교통부의 지원을 받아 '드론 실증도시 구축사업'을 시작했다. 이 사업은 지방자치단체가 지역 특성에 맞는 드론 활용 모델 및 서비스를 발굴해서 실증하는 프로젝트다. 정부 차원에서 드론 연구 개발에 박차를 가하고 있는 것이다.

기술의 발전으로 드론 택배 시대가 자리 잡으면 어떤 변화가 일어날까? 아마도 현재 택배기사들의 자리가 위협받을지도 모른다. 물장수처럼 직업 자체가 완전히 사라질 가능성도 있다. 그러나 안타까워할 일만은 아니다. 드론 조종사, 드론 정비사, 드론 연구원, 드론 제작자 등 여러 관련 직업이 주목받을 것이기 때문이다.

2장
나에게 맞는
직업 찾기

나는
어떤 사람일까?

아직 꿈이 없어도 괜찮다

"꿈이 뭐니?"

진로를 묻는 이 물음에 똑 부러지게 대답할 수 있는 청소년이 몇이나 될까? 대개는 주뼛주뼛 미적지근한 대답을 내놓는다.

"꿈을 아직 못 정했어. 하고 싶은 건 많은데 뭘 해야 할지 모르겠어."

"나는 꿈이 맨날 바뀌어."

"난 꿈이 없어……."

꿈을 딱 정하지 못해도 괜찮다. 아직 꿈이 없어도 별 문제없다. 청소년기는 학교나 가정이라는 울타리 안에 머물러 있는 시기다. 그래서 울타리 너머 세상에 어떤 직업이 있는지, 어떤 직업이 주목받는지, 직업이 삶에 미치는 영향은 무엇인지 따위를 알기 어려운 환경에 있다.

이와 같은 환경에서 꿈을 찾고 정하기란 쉽지 않다. 무엇보다 '나'를 똑똑히 알지 못하는 상황이 꿈 앞에서 스스로를 움츠러들게 만든다. 물론 어른도 자기 자신에 대해 잘 모르는 경우가 많지만, 청소년에게 그런 경향이 더 짙다. 자신이 무엇을 잘하는지, 무엇을 할 때 행복한지, 어떤 것에 더 가치를 두는지, 큰일을 감당할 그릇은 되는지를 모르면 꿈은 막연해지기 십상이다.

꿈이 너무 많거나 자주 바뀌어도 상관없다. 유아기 아이를 생각해보자. 하루에 한 가지 장난감만 가지고 노는 아이는 없다. 이것저것 물고 뜯고 던지고 논다. 어떤 장난감에 애착을 갖다가 금방 싫증내기도 한다. 직업에 관한 한 청소년은 유아기 아이와 크게 다를 바 없다. '어린 시절'에는 꿈이 하루에 열두 번도 더 바뀌기 마련이다. 청소년에게는 마음껏 꿈을 꾸고 계속 바꿀 권리가 있다. 아직 아무것도 정해지지 않은, 세상을 배우면서 '나'를 알아가는 시기이기 때문이다.

조금 늦어도 괜찮다

'나'를 정확하게 알기란 어렵다. 오죽하면 소크라테스가

"너 자신을 알라."라고 말했겠는가. '나'를 아는 일이 쉬웠다면, 이 말은 명언으로 남지 못했을 것이다. 청소년기에는 이 골치 아픈 철학에 지나치게 매달리지 말자. 우선 '나에게 어떤 직업이 어울릴까'로 범위를 좁히자. 커서 무슨 일을 하면 좋을지 자유롭게 생각해보자. 어차피 청소년 신분으로 당장 직업을 구하기는 어려우므로 생각하는 데 구애받을 필요는 없다.

아무런 생각이 떠오르지 않는다고 초조해하지 말자. 자신에게 맞는 직업을 찾는 일도 솔직히 쉽지는 않으니까. 지금 직업인으로 살아가고 있는 어른들도 여전히 그 답을 얻지 못해 우왕좌왕한다. 앞서 말했듯 적성과 능력에 따른 직업을 갖는 사람이 생각보다 많지 않다는 뜻이다.

답을 찾는 때는 개인차가 있다. 일찍 찾는 사람도, 늦게 찾는 사람도 있다. 늦게 찾았다고 해서 꼭 뒤처지는 것은 아니다. 이를 증명한 대표적인 인물이 있다. 소설가 박완서다. 박완서는 1970년 장편소설 《나목》을 선보이며 등단했다. 그는 마흔 살에 소설가로 등단해 한국 문단의 별로서 빛났다.

1931년생인 박완서는 세 살 때 아버지를 여의었다. 성장한 뒤 서울대학교에 입학했지만, 그해 한국전쟁이 터져 가족의 생계를 책임져야 할 처지에 놓였다. 그녀는 미군 피엑

스(군부대 기지 내의 매점) 초상화부에서 일감을 물어오는 업무를 맡았다. 그곳에서 초상화 화가로 밥벌이를 한 박수근 화백과 인연을 맺었다.

그 후 백화점에서 잠시 일하다가 1953년 결혼으로 새 가정을 꾸렸다. 긴 세월 가정에만 충실했던 박완서에게 1968년 큰 변화가 찾아온다. 박수근 화백의 유작선에 갔다가 글쟁이가 되기로 결심한 것이다. 박수근을 글로써 증언해야겠다는 욕망이 가슴을 가득 채운 탓이었다.

박완서는 박수근을 증언하기 위해 그의 전기를 쓰려고 마음먹었다. 소설을 쓰려는 마음은 손톱만큼도 없었다. 그런데 전기를 쓰다 보니 생각대로 잘되지 않았다. 오히려 사실에다 상상을 보태니 더 잘 써졌다. 이에 박완서는 소설을 쓰기로 마음을 바꿨다. 위대한 소설가의 탄생을 알리는 순간이었다. 그 순간의 결심으로 태어난 소설이 바로 《나목》이다. 훗날 박완서는 그때의 감정을 이렇게 고백했다.

"거짓말을 시키는 게 내 소질이라는 걸 느꼈어요."●

소설가의 소질을 느꼈다는 말이다. 나이 마흔에…….

지금 무엇에 소질이 있는지 몰라 방황하고 있다면 소설

● 　박완서, 《못 가본 길이 더 아름답다》, 현대문학, 2010

가 박완서의 삶을 되새기자. 이 소설가 말고도 자신의 직업을 늦게 찾은 사람들이 많이 있다. 소질은 어떤 계기를 통해 느닷없이 발견되기도 한다. 발견의 때가 늦다고 해서 크게 손해 보는 것은 아니다. 남보다 늦게 출발하면 그때부터 조금 부지런히 뛰면 된다.

출발, 나를 찾아서

'나'를 알면 적성과 능력에 따른 직업을 얻는 데 도움이 된다. 문제는 '나'를 알아내기 위한 정해진 방식이 없다는 것이다. 공식도 없다. 다행히 세계적으로 널리 쓰이는 도구가 있다. 바로 MBTI다. MBTI도 완벽한 도구는 아니지만 상당 부분 도움을 주는 것은 사실이다.

MBTI란 스위스의 정신분석학자 카를 구스타브 융의 분석심리학을 바탕으로, 1944년 모녀 사이인 캐서린 쿡 브린스와 이자벨 브릭스 마이어스가 개발한 성격 유형 지표이다. 흔히 'MBTI 검사' 또는 'MBTI 성격 유형 검사'라고 부른다. 'MBTI'란 단어는 'Myers-Briggs-Type Indicator'의 줄임말로, 모녀의 이름에서 유래했다.

MBTI는 다음과 같이 4가지 선호 지표로 구성된다.

E(외향)	← 에너지의 방향 →	I(내향)
S(감각)	← 인식 기능 →	N(직관)
T(사고)	← 판단 기능 →	F(감정)
J(판단)	← 행동 방식 →	P(인식)

첫 번째 선호 지표는 심리적 에너지의 방향성을 나타내는 '외향-내향(E-I)' 지표다. 심리적 에너지가 자신의 외부로 더 향하면 외향적 성격, 그 반대면 내향적 성격이다.

외향적 성격은 바깥 세계에 관심이 많아 활동적이고 사교적이다. 자신을 숨기기보다는 드러내며, 말로 표현하는 것을 즐긴다. 일단 부딪치고 보는 편이라 경험을 하고 무언가를 이해하는 경향이 있다.

내향적 성격은 자기 세계에 집중하는 편이다. 조용하고, 생각이 많다. 말보다 글로 표현하는 것을 편하게 느끼는 경향이 있다. 무턱대고 부딪치기보다는 신중하게 생각하고 이해한 다음 경험하는 방식을 좋아한다.

'감각-직관(S-N)' 지표는 대상을 인식하거나 정보를 수집할 때 감각과 직관 중 어느 쪽에 더 기우는가를 알려준다. 감각형은 오관으로 감지하는 사실적이고 구체적인 정보에 무게를 둔다. 따라서 관찰력이 뛰어나고, 미래보다는 현재에 집중한다. 현재에 충실한 사람이 대개 그렇듯 일처

리도 꼼꼼하다.

직관형은 오관보다는 육감에 의존한다. 따라서 현재보다는 미래에 초점을 맞추는 경향이 있다. 즉 감각형이 나무의 성장 상태를 세심하게 살피기를 즐긴다면, 직관형은 한 그루 나무가 이루어낼 큰 숲을 마음속에 그리며 웃는다. 그러한 성향 덕분에 상상력과 창의력이 풍부하다.

'사고-감정(T-F)' 지표는 인식한 대상과 수집한 정보를 바탕으로 판단할 때 사고와 감정 중 어느 쪽을 더 선호하는지에 관한 지표다. 사고형은 객관적인 사실에 주목하는 스타일이라 분석적으로 판단하려는 경향이 있다. 옳고 그름이 분명하고, 공정을 중요하게 여긴다.

감정형은 말 그대로 감정을 중시한다. 때문에 사람들과의 관계나 주변 분위기 등을 고려해 판단을 내리려고 한다. 옳고 그름을 판단할 때 객관적인 잣대보다는 자신만의 잣대를 들이대기를 좋아한다. 객관적으로 볼 때 그릇된 것도 자신의 생각에 좋으면 그 생각을 따르려는 경향이 있다.

마지막 '판단-인식(J-P)' 지표는 일상생활에서 드러나는 행동 방식을 보여준다. 판단을 선호하는 판단형은 뚜렷한 목적 아래 합리적으로 결정하는 것을 좋아한다. 가능하면 빠르게 결정을 내리려는 경향도 있다. 또한 계획을 세우고 순서를 정해 생활하는 것에 안정을 느낀다.

인식형은 판단형에 비하면 한결 느긋하다. 여행길에서도 판단형은 패키지 여행 상품처럼 계획대로 움직이지만, 인식형은 발걸음 가는 대로 여유롭게 즐긴다. 일상에서 모험이나 변화를 꿈꾸는 사람은 대개 인식형이다. 이들은 행동도 상황에 따라 유연하게 달라지는 편이다.

MBTI의 16가지 성격 유형과 나

MBTI는 4가지 선호 지표를 바탕으로 사람의 성격을 16가지 유형으로 나눈다. 따라서 수검자는 16가지 성격 유형 중 한 가지 유형을 결과표로 받게 된다. 16가지 성격 유형과 그 대표적인 특성은 아래와 같다.

MBTI의 16가지 성격 유형

ISTJ	ISTP	ISFJ	ISFP
책임감이 강하며 성실하다. 타고난 모범생 스타일이다.	조용히 혼자 있는 시간을 즐긴다. 관심 분야에는 '덕후'처럼 파고든다.	포기하기를 싫어한다. 사람을 두루 사귀기보다는 소수의 사람과 끈끈하게 지내는 것에 더 가치를 둔다.	조용하지만 자리를 깔아주면 뜻밖의 끼를 뿜어내기도 한다. 소통도 잘하는 편이다.

INTJ	INTP	INFJ	INFP
지적 호기심이 높고, 분석력이 뛰어나다. 의지와 독립심도 강하다.	좋고 싫음이 분명하다. 호기심이 많고, 궁금한 것을 알아가는 과정을 즐긴다.	공감 능력이 뛰어나다. 공동체의 이익을 중요하게 여긴다.	이해심이 많고, 타인의 감정을 잘 알아챈다. 자기 신념이 강하다.

ESTJ	ESTP	ESFJ	ESFP
책임감, 추진력, 리더십이 강하다. 규칙과 절차를 중요하게 여긴다.	자유분방하며 느긋하다. 순발력과 재치로 위기를 넘기는 능력도 있다.	사람에 대한 관심이 많다. 분위기를 유쾌하게 만드는 재능이 있다.	개방적이며 사교성이 좋다. 호기심도 많다.

ENTJ	ENTP	ENFJ	ENFP
리더십이 강하고, 원칙에 충실하다. 목표를 성취하는 데 최선을 다한다.	어려운 문제를 피하기보다는 흥미를 갖고 덤벼든다. 독창적이며, 새로운 시도를 즐긴다.	열정적이고 감성적이다. 타인의 의견을 존중할 줄 알지만, 작은 비판에 상처받기도 한다.	상상력과 창의력이 뛰어나다. 객관적 가치보다는 자신만의 가치를 따른다.

MBTI 검사를 받고 자신은 어떤 유형에 속하는지 알아보자. 단, 인터넷에 떠도는 무료 MBTI 검사는 피하자. 이 검사는 정식 검사와 문항이 달라서 '나'를 제대로 파악하기 힘들다. 나아가 MBTI 검사는 단순히 성격 유형 결과표를 받는 것보다 전문가의 해석을 얻는 것이 더 중요하다. 인터넷 무료 검사에서는 해석 없이 달랑 결과표만 손에 쥐게

된다.

우리나라의 경우 MBTI 한국어판 저작권은 ㈜한국MBTI연구소가 가지고 있다. 이곳에서는 MBTI 전문가를 키우는 자격교육도 하고 있는데, 해당 교육을 받은 사람만이 검사를 실시할 수 있다. 따라서 정식 MBTI 검사를 받고 싶다면, ㈜한국MBTI연구소가 위임한 ㈜어세스타 온라인심리검사센터(www.career4u.net)에 접속하자. 이 연구소의 자격교육을 통과한 전문가들에게 직접 받거나, 연구소 출신 전문가들이 속해 있는 지역상담실(심리상담센터, 청소년상담센터 등)을 통해 받는 방법도 있다. 전문가 명단과 전문가가 일하는 지역상담실 목록은 ㈜한국MBTI연구소 홈페이지(www.mbti.co.kr)에 안내되어 있다.

MBTI 검사를 받고 결과에 지나치게 얽매일 필요는 없다. MBTI는 어디까지나 참고용일 뿐이다. 특히 청소년기에는 검사를 할 때마다 결과가 달라지는 경우도 꽤 많다고 한다. 중학교 3학년 때 결과와 고등학교 1학년 때 결과가 다를 수 있다는 말이다. 청소년기는 성장기다. 성장하면서 겪는 온갖 직간접 체험으로 성격이 변할 수 있다. 가정, 학교, 친구 관계 등 환경 요인도 성격 변화에 영향을 미친다. 그러므로 한 번의 검사 결과에 스스로를 고정시킬 필요는 없다.

한편 검사 결과에 고개를 끄덕일 수도, 저을 수도 있다. 알고 있던 모습을 확인하면 받아들이고, 모르고 있던 모습이 나타나면 거부할 것이다. 알고 있던 모습을 확인했다 해서 스스로를 다 알았다고 여기는 태도는 바람직하지 못하다. 누구에게나 수많은 '나'가 잠자고 있다. 그 '나'는 살아가면서 계속 변해간다. 모르고 있던 모습이 나타났다고 해서 결과를 부정할 필요는 없다. 언젠가는 마주칠 '나'와 검사를 통해 미리 만난 것일 수도 있으니까.

MBTI로 직업 찾기

MBTI는 진로 상담을 위한 도구로 활용된다. MBTI 성격 유형에 따라 어떤 직업이 어울릴지 가늠해보는 것이다. 요즘은 학교에서도 MBTI 전문가를 초대해 진로 상담이나 교육을 실시하기도 한다. 그 시간에 적극적으로 참여해보자. 지역에 속한 진로직업체험센터에서도 기회를 잡을 수 있다. 틈틈이 센터의 공지사항을 확인해서 기회를 놓치지 말자.

손쉬운 접근법으로는 유튜브도 있다. 유튜브 검색창에 'MBTI 직업'이라고만 검색해도 MBTI 관련 영상이 여럿 뜬다. 다만 조심할 점이 있다. 반드시 MBTI 전문가가 만든 영상을 참고해야 한다. 비전문가가 만든 영상은 '무료 검사'를 토대로 한 경우가 많아서 정보를 신뢰하기 어렵다.

전문가가 정식 검사를 토대로 만든 영상도 참고로만 활용하는 것이 좋다. 그 정보를 맹신해 스스로의 미래에 미리 선을 그을 필요는 없다. 성장하면서 성격 유형은 바뀔 수 있고, 몰랐던 소질이 뒤늦게 발견될 수도 있기 때문이다. 또한 직업 자체가 사라질 수도 있고, 새로운 직업이 생길 수도 있기 때문이다. 무엇보다 MBTI 자체가 '참고용'이라는 사실을 꼭 기억하자.

MBTI 성격 유형에 따라 어울리는 직업

이제 MBTI 각각의 성격 유형에 따라 어울리는 직업을 소개하고자 한다. 보편적으로 알려진 정보일 뿐, 절대적으로 맞다고 볼 수는 없다. 다양한 직업을 폭넓게 다루지도 않으므로 자신이 원하는 직업이 없다고 해서 섭섭해할 것은 없다. 각 유형마다 직업을 소개하면서 짤막하게 이유를 달았다. 그 '이유'는 직업이 요구하는 직업인의 성격으로 이해하면 된다.

● ISTJ: 모범생 스타일인 ISTJ는 매사에 철저하다. 반복되는 업무에서 오는 스트레스도 잘 견딘다. 방해 요소 없이 혼자 집중해서 일하기를 좋아한다.

☞ 추천 직업: 외과의사, 치과의사, 약사, 수의사, 법조인, 사서, 교사, 기능직, 지질학자, 웹 기획자, 회계직, 통계학자, 주식 중개인 등.

● ISTP: 조용한 ISTP는 집중과 정밀을 요하는 일을 잘 해낸다. 기계, 연장도 잘 다룬다. 판단은 냉철하게 하고, 일은 능률적으로 한다.

☞ 추천 직업: 펀드매니저, 은행원, 파일럿, 항공기 정비사, 카레이서, 기관사, 경찰공무원, 소방공무원, 군인공무원, 치위생사, 간호사, 기술직 등.

● ISFJ: 포기를 모르는 ISFJ는 경험을 통해 자신이 틀렸다는 사실을 깨달을 때까지 꾸준히 나아간다. 온정적이고 헌신적이며, 이해심이 깊어서 양보도 자주 한다.

☞ 추천 직업: 의사, 간호사, 수의사, 생물학자, 사회복지사, 교직, 상담직, 고객서비스직, 보석세공사, 예술가, 회계직, 장의사 등.

● ISFP: 낭만적 성향의 ISFP는 동물이나 식물과 교감하는 것을 좋아한다. 겸손하고 관용적이며, 화합을 중요하게 여긴다. 개방성과 융통성도 지녔다.

☞ 추천 직업: 화가, 만화가, 도예가, 디자이너, 약사, 안경사, 물

리치료사, 피부관리사, 동물훈련사, 식물관리직, 상담직, 회계직 등.

● INTJ: 탐구형의 INTJ는 분석력과 집중력이 남다르다. 어렵고 복잡한 지적 문제에 도전하기를 좋아하고, 알아가는 과정 자체를 즐긴다.

☞ 추천 직업: 심리학자, 정신과 의사, 천문학자, 인공지능 전문가, 수학자, 인류학자, 재무 분석가, 컴퓨터보안 전문가 등.

● INTP: 독립심이 강한 INTP는 창의적인 도전을 좋아한다. 문제에 부딪쳤을 때 논리적이고 분석적으로 해결한다.

☞ 추천 직업: 심리학자, 정보직, 건축가, 경찰공무원, 사진작가, 발명가, 크리에이터, 음악가, 철학자, 물리학자, 고고학자, 역사학자, 소프트웨어개발자, 컴퓨터프로그래머 등.

● INFJ: 창의력과 통찰력이 뛰어난 INFJ는 독창적인 해결책을 내놓는 재주가 있다. 타인을 순수하게 돕는 마음도 갖추고 있다. 생각도 깊고 조심스럽다.

☞ 추천 직업: 사서, 교사, 상담직, 작가, 전시기획자, 무대 디자이너, 통역사, 번역가, 인사담당자, 사회복지사, 물리치료사, 고객 서비스직 등.

● INFP: 타인의 감정을 잘 알아채는 INFP는 몽상가적인 기질도 다분하다. 인간관계에 대한 책임감이 강하고, 이해심도 많다.

☞ 추천 직업: 소프트웨어개발자, 작가, 사서, 상담직, 사회복지사, 영양사, 물리치료사, 사회과학자, 기업교육 전문가 등.

● ESTJ: 리더형인 ESTJ는 현실적이다. 행정 및 기계 분야에 재능이 있고, 실용적인 것을 추구한다. 일을 진행하는 추진력도 강하다.

☞ 추천 직업: 사업가, 정치가, 은행원, 건축가, 행정직공무원, 소방공무원, 군인공무원, 교사, 생산직, 기능직 등.

● ESTP: 개방적인 ESTP는 다양한 방면에 적응을 잘한다. 모르는 사람과도 쉽게 친해진다. 현실의 문제 해결 능력이 뛰어나다.

☞ 추천 직업: 사업가, 보험설계사, 경찰공무원, 소방공무원, 군인공무원, 교도관, 기자, 스포츠캐스터, 여행업자, 음악가, 요리사, 연예인, 기술직, 빅데이터 전문가, 운동선수 등.

● ESFJ: 분위기 메이커인 ESFJ는 남을 돕는 일에 관심이 많다. 조직에서는 동료애를 발휘하고 양심껏 행동한다.

감정 표현도 풍부하다.

☞ 추천 직업: 경영 컨설턴트, 보험설계사, 웨딩플래너, 행사기획자, 상담직, 사회복지사, 의사, 간호사, 아나운서, 헬스트레이너, 판매직, 성직자 등.

● ESFP: 명랑하고 친화력이 뛰어난 ESFP는 활발하고 낙천적이다. 주변 사람을 돕는 일에도 선뜻 나선다. 살짝 '관종끼'도 있어 남에게 주목받는 것을 즐긴다.

☞ 추천 직업: 은행원, 운동선수, 여행상품 기획가, 승무원, 큐레이터, 놀이치료사, 아나운서, 개그맨, 작곡가, 교육직, 간호사 등.

● ENTJ: 리더형의 ENTJ는 안목이 넓고, 새로운 아이디어에 관심을 갖는다. 문제의 핵심을 캐내는 능력이 뛰어나다. 공정과 원칙도 중요하게 여긴다.

☞ 추천 직업: 사업가, 경영자, 광고기획자, 마케팅전문가, 정치가, 법조인, 의사, 교수, 과학자, 수학자, 기술직 등.

● ENTP: 적응력이 뛰어난 ENTP는 행동이 민첩하고 독창적이다. 동시에 여러 가지 일을 처리할 수 있는 멀티플레이어이기도 하다. 의사소통도 잘한다.

☞ 추천 직업: 광고기획자, 크리에이터, 방송연출가, 발명가, 경

영 컨설턴트, 네트워크 전문가, 호텔관리자, 정치가, 정치평론가 등.

● ENFJ: 안목이 넓은 ENFJ는 일할 때 빈틈없는 모습을 보인다. 사교적이며, 다른 사람의 의견에 진지하게 귀 기울인다.

☞ 추천 직업: 사회복지사, 공인중개사, 성직자, 상담직, 통역사, 연예인, 방송연출가, 헬스트레이너, 그래픽 아티스트, 카피라이터 등.

● ENFP: 기발함으로 가득 찬 ENFP는 창의력이 발휘되지 않는 일에 흥미를 못 느낀다. 일할 때는 활기차고 사람을 대할 때는 따뜻하다. 사람의 속마음도 잘 캐낸다.

☞ 추천 직업: 작가, 디자이너, 아트디렉터, 연예인, 카피라이터, 광고기획자, 판매직, 상담직, 교육직, 언론인 등.

MBTI가 추천하는 직업이 나와 맞을까?

아나운서 전현무는 YTN의 뉴스 및 교양 프로그램 진행자였다. 하지만 딱딱한 뉴스나 교양 프로그램보다는 예능 프로그램을 맡고 싶어 KBS로 이직했다. KBS 입사 후 자신의 바람대로 〈비타민〉, 〈스타골든벨〉, 〈생생정보통〉 같은 예능 프로그램을 진행하면서 유명세를 얻었다. 이후 그는 프리랜서를 선언했다. 본래 끼가 넘치고 웃기기를 좋아했던 전현무는 예능인으로서의 재능을 맘껏 펼치고 싶었다. 실제로 그는 프리랜서가 된 뒤 진행자뿐만 아니라 출연자의 역할도 소화하며 시청자에게 즐거움을 안겼다. 그 대표적인 프로그램이 MBC의 〈나 혼자 산다〉이다.

아나운서 전현무의 MBTI는 ESTP이다. 본인이 진행하는 〈프리한19〉라는 예능 프로그램에서 MBTI가 공개된 바 있다. 그때 전현무는 ESTP의 특성을 듣고 "소름이네."라는 표현을 썼다. 자신의 성격을 그대로 맞힌 것에 놀란 감탄사였다. 해당 방송에서 직업에 관련된 언급은 없었지만, 전현무는 성격 유형과 추천 직업이 잘 어울린다고 판단된다. 그는 ESTP의 핵심인 '재치와 순발력'이 뛰어난 진행자이기 때문이다. 방송으로 보는 그의 모습은 예능인으로서도 손색이 없다. 아나운서와 엔터테이너(연예인)를 버무린 '아나테이너'에 딱 들어맞는 인물이라 할 수 있다.

예능 프로그램 〈유 퀴즈 온 더 블록〉의 진행자 유재석도 있다. 그의 MBTI는 ISFP로, 해당 방송에서 공개되었다. 성격 유형 설명을 읽은 유재석은 고개를 끄덕였다. 사람들과 갈등하고 충돌하기보다는 어우러지기를 원하는 ISFP의 특성이 자신과 맞는다고 했다. 그런데 직업에 관해서는 고개를 가로저었다. 연예인이라는 직업이 자신과 잘 안 맞는다고 했다. 조용한 ISFP는 수줍음을 타는 편이라 사람들이 지나치게 주목하는 것을 부담스러워한다. 방송인 유재석은 그 점을 꼬집으며 성격 유형과 직업에 대한 느낌을 말한 것이다.

많은 시청자들은 의아했다. 개그맨 출신으로 예능판을 휩쓸며 '국민 MC(진행자)'라는 타이틀까지 거머쥔 유재석이 I 유형이라는 것에 고개를 갸웃했다. I는 내향적, E는 외향적이다. 개그맨이나 진행자, 나아가 연예인은 E 유형에 어울리는 직업이다. 그런데 대한민국 최고 연예인인 유재석이 I 유형이라고 하니, 쉽게 납득하기 어려웠다.

이처럼 MBTI가 추천하는 직업은 전현무처럼 자신과 맞을 수도, 유재석처럼 맞지 않을 수도 있다. 그러므로 고정관념을 가지면 곤란하다. 참고로만 활용하고, 자신의 길을 여러 갈래로 열어두도록 하자. 한 가지 흥미로운 점은 유재석의 경우 직업인으로서의 태도만큼은 MBTI와 맞아떨어진다. 유재석은 분위기를 편안하게 만드는 진행, 출연자를 배려하는 진행이 돋보이는 진행자다. 그가 진행에서 보이는 이러한 태도가 바로 ISFP의 특성이다.

나에게는 어떤 직업이
어울릴까?

행복의 비밀을 알려주는 홀랜드 이론

"직업을 선택할 때 학업 성적뿐만 아니라 자신의 성격을 고려해
야 한다. 그래야만 행복한 직업 생활을 할 수 있고 성공도 할 수
있다."

미국의 심리학자 존 홀랜드의 말이다. 그는 '홀랜드 이론
(Holland's theory)'의 개발자다. 홀랜드 이론이란 성격 유형에
따라 어떤 직업에 더 흥미를 보이는지, 어떤 직업을 선택하
는지를 알려주는 이론이다. 성격 유형에 맞는 직업을 가질
때 직업 만족도가 높다는 것이 홀랜드 이론의 핵심이다.

홀랜드 이론은 직업 및 적성 탐색 검사 이론이다. 그래서

흔히 '홀랜드 검사'라고 불린다. 홀랜드 검사에는 6가지 직업흥미 유형이 존재한다. 존 홀랜드는 직업이 같은 사람들은 비슷한 성격으로 성장했을 거라고 생각했다. 아울러 공부 방법과 태도, 업무 방식, 취미를 즐기는 정도, 인간관계 등도 서로 닮았을 거라고 전제했다. 그는 이 전제를 바탕으로 직업인들의 성격과 직업 환경을 분석하고 공통점을 찾았다. 그 후 6가지 직업흥미 유형으로 분류했다.

존 홀랜드는 자신이 분류한 6가지 직업흥미 유형을 육각형 모형으로 만들었다. 이것을 RIASEC model(리아섹 모형)이라고 한다.

■ RIASEC 모형

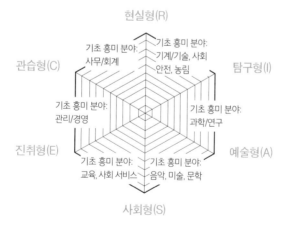

출처: 한국직업정보시스템(워크넷)

홀랜드 검사를 받는 사람은 대부분 6가지 직업흥미 유형 중 하나에 속한다. 검사를 마친 뒤 가장 점수가 높은 유형과 그다음으로 점수가 높은 유형이 자신의 '진로 유형'으로 확정된다. 가령 사회형(S)과 현실형(R)이 차례로 높은 점수가 나온 사람의 진로 유형은 'SR'이다. 두 가지 유형을 합쳐 진로 유형으로 정하는 까닭은 사람의 유형을 한 가지 유형으로만 한정할 수 없기 때문이다. 한편 '현실형'은 '실재형', '진취형'은 '기업형'이라 표기하기도 한다.

홀랜드 검사로 알아보는 나의 진로

이제 각 직업흥미 유형에 따른 성격 및 적성과 대표 직업을 알아보자.

1. 현실형(R: Realistic)

● 성격·적성: 솔직하고 소박하며 성실하다. 구체적이고 실제적인 것을 좋아하고, 추상적이고 관념적인 것을 싫어한다. 신체적 활동을 즐기며, 물건이나 기계를 잘 다룬다. 말보다는 행동하는 스타일!

☞ 대표 직업: 기계기사, IT 전문가, 비파괴검사사, 방송기술감독, 기술직, 생산직, 운동선수, 파일럿, 항공기 정비사, 자동차 정비사, 안경사, 바리스타, 소믈리에, 농업인, 요리사, 제과제빵사 등.

2. 탐구형(I: Investigative)

● 성격 · 적성: 내향적이다. 지적 호기심이 많아 학구적이며 독서를 즐긴다. 논리적, 분석적, 합리적, 과학적인 것을 추구한다. 과학과 수학 과목을 좋아한다.

☞ 대표 직업: 과학자, 물리학자, 생물학자, 연구원, 의사, 약사, 심리학자, 언어치료사, 여론조사 전문가, 통역사, 경영 컨설턴트, 경제학자, 비파괴검사사 등.

3. 예술형(A: Artistic)

● 성격 · 적성: 상상력, 창의력, 감수성이 풍부하다. 자유분방하고 개방적이다. 얽매이는 것, 반복적인 것을 싫어한다. 튀고 별난 행동을 하며, 독창적인 아름다움을 추구한다.

☞ 대표 직업: 연예인, 디자이너, 메이크업아티스트, 피부관리사, 작가, 만화가, 삽화가, 사진작가, 안무가, 방송연출가, 번역가, 카피라이터, 건축가 등.

4. 사회형(S: Social)

● 성격 · 적성: 친절하고, 헌신적이고, 이해심이 많다. 인간관계를 중요하게 여기고, 남을 돕기를 좋아한다.

☞ 대표 직업: 사회복지사, 상담직, 교사, 간호사, 물리치료사,

승무원, 레크리에이션 강사, 이미지 컨설턴트, 미용사, 영양사 등

5. 진취형(E: Enterprising)

● 성격 · 적성: 외향적이다. 자기주장과 자기 확신이 강하다. 지도력과 설득력을 갖췄다. 도전과 경쟁을 즐기고, 지위, 권력, 명예, 재산을 추구한다.

☞ 대표 직업: 사업가, 정치가, 법조인, 외교관, 공인중개사, 세무사, 영업직, 호텔관리자, 항해사, 연예인, 기자, 아나운서, 행사기획자 등.

6. 관습형(C: Conventional)

● 성격 · 적성: 조심성이 있고, 꼼꼼하고, 빈틈이 없다. 계획적이며, 매사에 질서정연하다. 사무 능력이 뛰어나다. 법과 규정을 잘 지킨다.

☞ 대표 직업: 회계사, 세무사, 관세사, 은행원, 사무직, 사서, 출판편집자, 행정직 공무원, 손해사정사, 안전관리사, 증권분석가, 컴퓨터보안 전문가 등.

홀랜드 검사는 전 세계적으로 가장 많이 쓰이는 직업 및 진로 탐색 도구라고 한다. 그러나 MBTI와 마찬가지로 무조건 믿는 것은 금물이다. 자신의 미래를 위한 도우미 정도

로만 여기는 것이 좋다. MBTI를 설명할 때 언급했듯이 성격 유형은 성장하면서 변할 수 있다. 성격 유형이 변하면 직업흥미 유형도 변하기 마련이다.

홀랜드 검사를 받고 싶다면?

홀랜드 검사는 심리상담센터, 진로직업체험센터 등에서 받을 수 있다. 학교에서 시행하는 경우도 있으니, 기회가 오면 진지하게 참여하자. 검사를 받을 때는 솔직하게 답을 하는 것이 중요하다. 스스로를 속이면, 스스로에 대해 정확히 알 수 없다.

한국직업정보시스템(워크넷) 홈페이지(www.work.go.kr)에서는 온라인상에서 무료로 홀랜드 검사를 실시한다. 고용노동부가 만든 '직업심리검사'의 한 분야인 '청소년 직업흥미검사'가 바로 홀랜드 검사에 해당한다. 청소년 대상의 직업심리검사는 모두 7가지로 구성된다. 청소년 직업흥미검사, 고등학생 적성검사, 직업가치관검사, 청소년 진로발달검사, 대학 전공(학과) 흥미검사, 초등학생 진로인식검사, 청소년 인성검사를 홈페이지에서 해볼 수 있다.

중학생에게는 청소년 직업흥미검사, 직업가치관검사(중3 이상), 청소년 진로발달검사(중2 이상), 청소년 인성검사가 필요하다. 고등학생은 이에 더해 고등학생 적성검사와 대학 전공(학과) 흥미 검사까지 받으면 된다. 중학생이든 고등학생이든 홀랜드 검사 하나만 받고 싶다면 청소년 직업흥미검사만 받으면 된다.

직업심리검사는 무료인데다 질까지 높다. 더구나 성인과 청소년으로 검사 대상이 나뉘어 있으므로 부모와 자녀가 함께 받으면 더 좋다. 검사 결과에 대해 상담까지 받을 수 있어서 강력 추천한다. 상담을 받고 싶다면, 홈페이지에서 '검사결과 상담' 메뉴를 이용하거나, 가까운 고용센터에 전화를 하면 된다. 전화상담을 원하면 국번 없이 1350을 누르면 된다.

> "개인의 능력과 흥미, 성격 등 다양한 심리적 특성을 객관적으로
> 측정하여 자신에 대한 이해를 돕고 개인의 특성에 보다 적합한
> 진로 분야를 선택할 수 있도록 도와드립니다."

위 내용은 직업심리검사에 대한 고용노동부의 소개글이다. 알찬 진로 도우미가 될 수 있으니 적극 활용하기 바란다.

홀랜드 검사의 실제 사례

교육부의 지원을 받아 한국직업능력연구원에서 운영하

는 진로정보망커리어넷(www.career.go.kr)에서도 무료로 '직업심리검사'를 받을 수 있다. 해당 검사는 한국직업정보시스템의 직업심리검사와 이름은 같지만 방식은 다소 다르다. 홀랜드 검사를 바탕으로 만들었다는 점에서 같다. 검사를 둘 다 받든, 둘 중 하나만 받든 손해볼 것은 없다.

커리어넷의 직업심리검사는 중고등학생의 경우 직업적성검사, 직업가치관검사, 진로성숙도검사, 직업흥미검사(K), 직업흥미검사(H), 진로개발역량검사로 이루어진다. 이 중 직업흥미검사(H)가 홀랜드 검사이다. 시간이 없고 귀찮더라도 직업흥미검사(K), 직업흥미검사(H) 두 가지 검사는 꼭 받기를 바란다. K를 먼저 받고, H를 나중에 받는 것이 좋다. K와 H 모두 어떤 종류의 일에 얼마나 흥미를 느끼는지 알아보는 검사로, 자신에게 알맞은 직업을 탐색하는 데 도움을 준다. 다만 K는 직업 분야를 중심으로, H는 세부 직업을 중심으로 결과를 제공한다는 차이점이 있다.

K와 H의 검사 방식은 거의 동일하다. 특정 직업에서 하는 일을 질문으로 던진 뒤 '매우 싫음, 싫음, 좋음, 매우 좋음' 중에서 하나를 답으로 고르는 방식이다. 예를 들어 다음과 같다.

- 직업흥미검사(K)의 검사 진행 방법
  - 질문: 제과점에서 빵, 과자를 만든다
  - 답변: 매우 싫다 / 약간 싫다 / 약간 좋다 / 매우 좋다

- 직업흥미검사(H)의 검사 진행 방법
  - 질문: 만화를 그린다
  - 답변: 매우 싫어한다 / 싫어한다 / 좋아한다 / 매우 좋아한다

 실제로 K와 H 두 가지 검사를 받은 어느 중학교 3학년 학생의 검사 결과를 간략히 소개한다. '지버아'라는 닉네임을 쓰는 이 학생은 K검사에서 예술 분야에서 가장 높은 흥미도를 보였다. 홀랜드 검사인 H검사에서도 가장 강한 직업흥미 유형이 예술형(A)으로 나타났다. 두 번째로 강한 직업흥미 유형은 진취형(E)이다. 즉 이 학생의 진로 유형은 'AE'이다.

■ 직업흥미검사(K) 결과표

▎ 1. 직업흥미군별 결과(백분위)

검사 점수는 총 16개 직업군별로 백분위가 제시됩니다. 백분위는 비교하는 학생 전체를 100명으로 하였을 경우 본인보다 점수가 낮은 학생들이 몇 명인지를 의미합니다. 백분위가 75이상인 경우 그 영역에서 흥미 정도가 높다고 볼 수 있습니다. 75 이상의 높은 점수를 받은 영역이 없을 경우에는 다른 영역에 비해서 비교적 높은 점수를 받은 영역을 보시면 됩니다. 무엇보다 각 영역들간의 점수 순위보다는 전체적인 경향성을 보는 것이 바람직합니다.

	직업군에 대한 나의 흥미 정도
지버아	

직업흥미군	원점수	백분위	급별T점수	성별T점수
과학 분야(전문직)	16	79	58	56
과학 분야(숙련직)	15	84	59	57
공학 분야(전문직)	15	79	57	53
공학 분야(숙련직)	16	92	65	61
소비자경제 분야	15	60	51	56
농업/천연자원 분야	16	81	58	59
경영 분야(전문직)	17	83	59	60
경영 분야(숙련직)	14	69	54	56
사무직	14	65	53	56
언론직	23	99	75	80
예술 분야(전문직)	23	98	69	77
예술 분야(숙련직)	24	100	71	80
전산/정보통신 분야	12	61	50	46
컴퓨터응용 분야	13	62	51	49

■ 직업흥미검사(H) 결과표

1. 직업흥미유형별 결과(T점수)

홀랜드 검사 결과를 통해 알아본 지버아 학생의 대표적인 직업흥미유형은 A유형입니다. 6개의 원 중 초록색 원은 가장 높은 흥미를 가진 유형을 의미합니다. 검사지에 대한 응답 시 심리적 상태나, 응답자의 이해 방식 등에 따라 그 결과가 차이날 수 있고, 진로 선택에 있어서는 흥미뿐 아니라 잘하는지에 대한 유능감(능력), 적성, 가치관, 성격, 미래직업전망 등 다각도로 고려해서 결정해야 합니다.

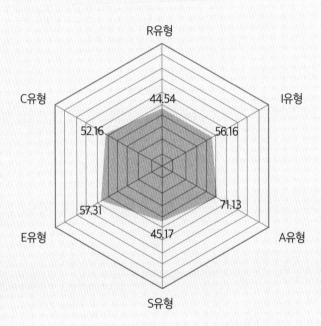

2. 지버아님의 주요 흥미유형과 관련된 특성 및 생활 모습

나의 여러 가지 모습 중에서 가장 두드러진 성격과 생활 모습이 어떠한지 한번 되돌아보세요.

순위	흥미유형	성격특성	직업특성	대표직업
1위	A유형 (예술형)	• 감수성이 풍부하다. • 예술 분야(미술, 음악, 문학 등)에 관심이 많다. • 자신만의 개성이 뚜렷하다. • 창의성을 발휘할 수 있는 주제에 흥미를 느낀다. • 감정을 솔직하고 자유롭게 표현한다.	• 글쓰기 • 춤추고 노래하기 • 악기 연주하기 • 디자인하기(옷, 물건 등) • 연기하기	가수, 방송작가, 연기자, 영화감독, 화가
2위	E유형 (기업형)	• 리더십으로 다른 사람들을 이끈다. • 다른 사람을 설득하고 토론 및 논쟁을 즐긴다. • 다른 사람들의 생각이나 관점에 영향을 주고 싶어 한다. • 외향적이고 적극적인 성격으로 주목받기를 원한다. • 모험을 시도하고 경쟁적인 활동에 참여한다.	• 토론하고 설득하기 • 발표, 연설하기 • 제품 소개하고 판매하기 • 법률, 정치적인 활동 참여하기 • 회의, 집단 등 이끌기 • 조직의 관리, 경영	고위공무원, 국회의원, 기업고위임원, 외교관, 외환딜러
3위	I유형 (탐구형)	• 깊게 탐구하는 과정을 즐긴다. • 새로운 것에 대한 호기심이 많다. • 논리적이고 합리적인 사고를 한다. • 혼자서 하는 일에 집중하는 경우가 많다. • 내용을 이해하기 위해 자료 수집 등의 노력을 기울인다.	• 특정 분야에 대한 연구를 수행하기 • 자료 수집 및 보고서 작성하기 • 숫자, 통계 처리 및 활용하기 • 이론, 법칙 생성 및 발전시키기 • 사회의 다양한 현상을 분석하기	경제학연구원, 대체에너지개발연구원, 로봇연구원, 사회학연구원, 생물학자

4위	C유형 (관습형)	• 맡은 일에 대한 책임감이 있다. • 약속을 잘 지키는 편이다. • 세심하고 꼼꼼하다. • 어떤 일에 대해 미리 준비하고 대비하는 성향이 강하다. • 구체적이고 명확한 일이나 공부를 선호한다.	• 문서작성하기 • 회계 처리하기 • 정보 처리하기 • 서류 작성 및 검토하기 • 자료 분류 및 정리하기 • 스케줄 관리하기	비서, 사서, 세무사, 일반 공무원, 회계사
5위	S유형 (사회형)	• 타인의 감정을 잘 이해한다. • 봉사활동에 참여한다. • 사람들과 잘 어울리고 사교적인 모습을 보인다. • 혼자 일하기보다 함께 일하는 것을 즐긴다. • 배려심을 가지고 행동한다.	• 가르치기 • 함께 공부하기 • 봉사활동하기 • 다른 사람 돕기	간호사, 사회복지사, 인문계중등학교교사, 자연계중등학교교사, 초등교사
6위	R유형 (실재형)	• 현실적이고 실제적인 것에 영향을 받는다. • 직접 느끼고 움직이는 체험을 중시한다. • 손이나 도구를 사용하는 조작을 즐겨 한다. • 어떤 대상이나 기계, 동식물을 조작하는 활동에 관심을 둔다. • 말수가 적고 사교적이지 않은 편이다.	• 기계 조작, 설계하기 • 기구, 기계 활용하기 • 동물, 식물 키우기 • 제품 정비, 수리하기 • 신체능력 활용하기	경찰관, 동물조련사, 비행기 조종사, 요리사, 운동선수

출처: 직업심리검사(커리어넷)

MBTI 검사와 홀랜드 검사에서 추천하는 직업

방송연출가(PD)

방송연출가는 무슨 일을 할까?

방송연출가란 말 그대로 방송 프로그램을 연출하는 사람이다. 프로그램 제작의 책임자로, 영화로 치면 감독에 해당된다. 흔히 프로듀서(Producer), 줄여서 피디(PD)라고 부른다. 방송연출가의 활동 무대는 텔레비전, 라디오, 인터넷 방송 등 다양하다. 드라마, 쇼, 코미디, 예능, 시사, 교양, 스포츠, 다큐멘터리 등 활동 분야의 폭도 넓다.

어떤 활동 분야든 방송연출가가 하는 일은 그 성격이 비슷하다. 프로그램을 기획하고, 프로그램 콘텐츠를 구성하고, 출연자를 정하고, 일정부터 장비까지 제작에 필요한 모든 사항을 점검한다. 제작 예산을 짜는 일도 방송연출가의 몫이다. 프로그램 제작에 들어가면 수장으로서 총 지휘를 하며, 이후 프로그램 편집에도 관여한다. 생방송 프로그램에서도 방송 시작부터 끝까지 지휘자의 역할을 맡는다.

방송연출가가 되는 법

방송연출가에게 기획력과 창의력은 기본이다. 코미디 프로그램의 역사에 한 획을 그은 〈개그콘서트〉는 기획력의 승리였다. 관객과 함께하는 콘서트 형식의 코미디라는 기획으로 승부를 본 것이다. 전문성도 필수 조건이다. 드라마 방송연출가는 드라마를, 다큐멘터리 방송연출가는 다큐멘터리를 환히 꿰고 있어야 한다.

다방면에 풍성한 경험을 쌓는 것이 큰 도움이 된다. 가령 환경 다큐멘터리 방송연출가라면 각종 환경보호 활동, 반려동물 기르기, 식물 키우기 등을 한 체험이 기획력의 뿌리가 될 수 있다. 독서, 관련 제작물 감상 같은 간접 체험도 기획력을 뒷받침한다. 〈1박 2일〉, 〈삼시세끼〉, 〈꽃보다 할배〉로 스타 방송연출가가 된 나영석 PD는 대학 시절 연극반에서 활동한 경험이 방송연출가 생활에 밑거름이 되었다고 말했다. 단역에서 주연까지 배우로서 활동하고, 희곡도 쓰고, 연출까지 해본 경험이 예능 프로그램을 기획하고 제작하는 데 도움을 준 것이다.

방송연출가로 입문하는 길은 크게 두 가지다. 방송사의 공개 채용 시험이나, 제작사의 입사 시험을 치르는 것이다. 제작사는 자체 제작을 하거나 방송사에서 외주를 받아 프로그램을 제작하는 회사다. 예를 들어, 드라마 전문 제작사인 '스튜디오드래곤'은 2022년 봄 시청자를 사로잡은 〈스물다섯, 스물하나〉를 기획했다(제작은 계열사인 화앤담픽쳐스).

방송사에서 보는 시험은 보통 국어, 영어, 작문, 기획안 평가 등이다. 방송사마다 조금씩 차이가 있으므로 방송사의 채용 공고를 확인할 필요가 있다. 제작사들도 나름의 채용 전형이 있으므로 본인이 품을 팔아 확인하고 준비하는 수밖에 없다.

방송연출가의 미래

케이블 방송, 인터넷 방송 등의 확장으로, 지상파 방송사만 있던 옛날과 비교해 방송연출가가 일할 곳은 많다. 방송 콘텐츠 소비도 활발하고, 이른바 'K-콘텐츠'가 정착하며 수출까지 늘어난 상황이다. 여전히 업무 강도와 스트레스는 높지만, 밤샘 촬영, 불규칙한 근무 등으로 고달팠던 업무 환경도 점점 개선되고 있다. 이러한 점들을 고려할 때 방송연출가의 미래는 밝을 전망이다. 다만 시장이 커지면서 상품 경쟁도 치열해졌기에 방송연출가의 생존과 성공이 더 어려워진 측면은 있다. 인기 있는 프로그램을 만들려면 피나는 노력과 꾸준한 자기계발을 하는 수밖에 없다.

크리에이터
크리에이터는 무슨 일을 할까?

크리에이터는 한마디로 콘텐츠를 만들어 수익을 창출하는 사람이다. 콘텐츠의 의미는 그 폭이 무척 넓다. 국어사전에서는 "인터넷이나 컴퓨터 통신 등을 통하여 제공되는 각종 정보나 그 내용물"이라 한다. 음악, 영상, 이미지, 글, 춤, 개그, 먹방, 몰래카메라 등 세상에 콘텐츠가 되지 않는 것은 아무것도 없다. 모든 것이 콘텐츠이고, 크리에이터는 이를 통해 돈을 벌 수 있다.

방송을 하는 크리에이터에게 콘텐츠는 곧 방송 소재이며, 그 소재는 그야말로 무궁무진하다. 크리에이터의 대표적 활동 무대인 유튜브에 온갖 장르의 영상이 가득한 것을 보면 알 것이다. 가까운 예로, 크리에이터인 '흔한남매'의 경우 개그, 먹방, 게임, 공포물, 애니메이션, 몰래카메라 등 다양한 콘텐츠로 대중과 만나고 있다.

크리에이터가 되는 법

크리에이터가 인기 직업이 된 데에는 인터넷 방송의 성장이 큰 영향을 미쳤다. 아프리카TV, 카카오TV, 유튜브, 트위치, 팟캐스트 같은 방송 플랫폼이 대중을 파고들면서 크리에이터의 활동 무대가 넓어진 것이다. 그중 트위치는 온라인 게임 방송, 팟캐스트는 라디오 방송 중심의 플랫폼이다.

단적으로 말해 크리에이터가 되려면 원하는 플랫폼에 자신의 콘텐츠를 안고 뛰어들면 된다. 학력, 나이, 성별 따위는 전혀 무관하다. 혼자여도 괜찮다. 혼자서 1인 크리에이터로 출발할 수 있다. 일단 장비 면에서는 스마트폰이나 웹캠이 달린 컴퓨터만 있어도 가능하다. 콘텐츠는 완성도도 물론 중요하지만 독창성이 더 중요하다. 지나치게 자극적이거나 비윤리적인 내용이 아니라면 참신한 콘텐츠로 도전장을 내밀어 보자.

유명한 플랫폼에 당장 뛰어들 자신이 없다면 개인 블로그나 인스타그램부터 시작해도 괜찮다. 그곳에서 사람들의 반응을 살핀 뒤에 진출해보자. 또한 영상 쪽에 소질이 부족하다면 팟캐스트 등 라디오 방송에 도전하는 것도 한 방법이다.

크리에이터가 각광받으면서 기획사에서 크리에이터를

모집하기도 한다. 거물급으로 성장한 크리에이터들이 설립한 회사에서 크리에이터를 찾기도 한다. 1인 크리에이터로 출발하기 불안하다면 이러한 기업들의 문을 두드려보는 것도 좋다.

크리에이터의 미래

텔레비전은 안 봐도 유튜브는 본다는 말이 있을 만큼 크리에이터의 콘텐츠가 인기를 끄는 시대가 되었다. '어떤 유튜버(유튜브에서 활동하는 크리에이터)는 100만 구독자를 거느린다', '영상 조회 수가 200만을 넘었다', '유명 연예인이 유튜버가 되었다'는 등의 뉴스는 이제 더 이상 '뉴스'가 아닌 진짜 세상의 모습이다. 그만큼 콘텐츠 시장은 커졌고, 크리에이터의 활동 무대는 넓어졌다. 이 면만 보면 크리에이터의 미래는 밝다.

그러나 미래가 밝은 만큼 경쟁이 심해졌고, 이면을 깊이 들여다보면 밝다고 보기만도 어렵다. 크리에이터의 직업 세계를 조명한《1인 크리에이터 마스터플랜》에 따르면, 하루에도 수만 개의 채널이 생겨나는데, 그중 99퍼센트는 아무도 모르게 사라진다. 상위 몇 퍼센트의 크리에이터를 제외하면 수익은커녕 투자 비용조차 건지지 못한다고 한다.

크리에이터의 전망이 밝냐, 어둡냐 둘 중 하나로 결론을 내리기는 어렵다. 단, 한 가지는 분명하다. 독특하고 재미있는 콘텐츠를 가진 크리에이터는 성공한다는 사실이다. 이런 점에서 크리에이터의 미래는 크리에이터 자신이 개척하는 것이라고도 말할 수 있다. 뻔한 소리 같지만, 크리에이터가 꿈이라면 자신만의 콘텐츠 개발에 열정을 쏟는 것이 최선이다.

요리사

요리사는 무슨 일을 할까?

요리사는 음식점, 호텔, 기관의 식당 등에서 음식을 만들어 손님에게 내는 일을 한다. 넓게는 바리스타, 제과사 및 제빵사, 조주사(바텐더), 소믈리에 같은 직업도 요리사에 포함된다. 블로그, 먹방 채널을 통해 자신의 요리 솜씨를 뽐내며 수입까지 올리는 요리사도 있다.

호텔이나 규모가 큰 음식점 및 식당에서는 여러 요리사가 함께 일한다. 요리사 세계에는 직급이 있다. 가장 아래는 보조 요리사, 가장 우두머리는 셰프인 주방장이다. 요리사를 가리키는 '셰프(chef)'라는 호칭은 주로 주방장을 가리킨다. 'chef'의 어원은 수석 요리사를 뜻하는 프랑스어 'chef de cuisine'이다. 보조 요리사에서 주방장까지 오르는 데는 꽤 긴 시간이 걸린다.

중식요리사로서 '최연소 대만대사관 주방장'이란 타이틀을 가진 이연복 셰프도 5년이 걸렸다. 그는 열일곱 살에 사보이 호텔 중식당에서 일하다가 스물두 살에 대만 대사관 주방장이 되었다. 요리에 입문한 나이가 열네 살이므로 8년이 걸린 셈이다. 이 8년도 오래 걸린 것은 아니다. 요리 분야마다 차이는 있지만, 당시에는 주방장이 되는 데 보통 10년 이상 걸렸다고 한다.●

물론 이연복 셰프가 요리에 첫발을 들인 때와 지금은 사정이 달라졌다. 그 시절엔 주로 스승과 선배에게만 요리를 배웠고, 요리 솜씨를 뽐낼 창구도 한정되어 있었다. 지금은 인터넷에서 레시피(조리법)도 쉽게 구할 수 있고, 개인 방송으로 요리를 소개할 수도 있다. 요리 대회도 종종 열린다. 실력을 인정받을 기회가 과거보다 크게 늘어난 셈이다. 노력 여하에 따라 주방장까지 오르는 시간을 대폭 줄일 수 있다.

● 　스토리텔링연구소, 《10대를 위한 직업의 세계》, 삼양미디어, 2015

요리사가 되는 법

중학생인데 일찌감치 요리사로 꿈을 정했다면 조리 관련 학과가 있는 고등학교 진학을 추천한다. 해운대관광고등학교 관광조리과, 영광공업고등학교 식품가공과를 꼽을 수 있다. 관광조리과에서는 한식, 일식, 중식, 양식을 비롯해 제과제빵도 배운다. 식품가공과는 식품가공기술, 식품위생, 식품과학 분야의 전문가를 키운다. 제과제빵도 가르친다. 식품가공과는 요리사가 되는 데 별 관련이 없다는 생각이 들 수도 있다. 하지만 요리사의 음식은 맛만 중요한 것이 아니다. 요리 재료의 궁합, 영양, 위생도 중요하다. 따라서 폭넓게 공부를 하면 요리사의 품격을 높이는 데 도움이 된다.

고등학생이라면 조리 관련 학과가 있는 대학의 문을 두드려 보는 것이 좋다. 요리사는 전문직이다. 대학 교육이 전문성을 키우는 데 큰 도움이 된다. 호텔조리과, 외식조리과, 조리과학과, 전통조리과, 식품조리과, 호텔외식경영과 등에서 깊이 있는 공부를 할 수 있다.

요리사가 되는 데 자격증이 반드시 있어야 하는 것은 아니다. 그러나 요리사로서 크게 성장하고 싶다면 자격증을 취득하자. 호텔처럼 규모가 큰 음식점에서는 채용 때 대부분 자격증을 요구한다. 또한 학교, 병원, 정부 기관의 집단

급식소, 복어조리업, 면적 120제곱미터 이상 식품접객업자는 식품위생법에 따라 조리사 자격증이 있는 사람만 채용할 수 있다. 이와 같이 자격증이 없으면 활동에 많은 제약이 따르므로 자격증을 따는 것이 좋다.

요리사의 미래

요리사를 선망하는 사람이 많아졌다. 요리 관련 프로그램이 많아지면서 스타 요리사가 탄생하고, 광고나 예능에서도 활발하게 활약하는 모습이 영향을 많이 미쳤기 때문이다. 100세 시대가 되면서 건강식에 대한 관심이 높아진 점, 지역이나 국가 간 먹거리 문화 교류가 활발해진 점 등도 무시할 수 없는 원인이다. 이러한 현상으로 미루어 짐작할 때 요리사의 미래는 밝아 보인다.

4차 산업혁명으로 3D 프린터로 음식을 만들고 주방에서 로봇이 요리하는 시대가 되었다. 4차 산업혁명이 절정에 이르면 이들이 요리사의 자리를 모조리 빼앗을까? 그런 걱정을 할 필요는 없다. 한국고용정보원은 인공지능과 로봇으로 대체하기 어려운 직업으로 작가, 화가, 지휘자와 함께 요리사도 꼽았다. 제아무리 뛰어난 인공지능과 로봇이라도 요리사의 감각과 손맛을 따라가기는 힘들기 때문이다.

4차 산업혁명 시대에도 그 자리가 굳건할 것으로 보이므로 요리사의 미래는 밝다고 할 수 있다. 하지만 요리사의 미래는 어디까지나 스스로에게 달려 있다는 것을 잊지 말자. 흔히 "먹는장사는 안 망한다"라고들 하는데, 먹는장사도 음식이 맛없으면 망한다. 이 자연스러운 이치는 요리사에게도 적용된다. 요리를 인정받지 못하는 요리사에게 미래는 없다. '요리사'라는 직업의 미래가 아무리 밝아도 요리 솜씨가 함량 미달이면 미래가 어두울 수밖에 없다. 아울러 긴 노동시간, 주방이라는 공간의 답답함, 방심할 수 없는 위생에 대한 스트레스도 견딜 수 있어야 한다. 요리사의 노동환경은 그리 좋은 편이 아니다.

동물훈련사

동물훈련사는 무슨 일을 할까?

동물훈련사의 범위는 넓다. 어떤 목적을 가지고 동물을 훈련시키는 사람이라면 동물훈련사라고 볼 수 있다. 가령 동물원에서 공연을 목적으로 동물을 훈련시키는 조련사도 동물훈련사에 포함된다. 참고로 동물에게 먹이를 주며 기르는 사람을 사육사라고 하는데, 우리나라에서는 보통 조련사가 사육사의 일도 같이 하므로 딱히 직업명에 따라 업무를 구분 짓지 않는다고 한다.

동물훈련사 하면 일반적으로 반려견을 훈련시키는 모습

이 생각난다. 설채현, 강형욱과 같은 동물훈련사가 〈세상에 나쁜 개는 없다〉, 〈개는 훌륭하다〉 등의 TV 프로그램에서 반려견을 다루는 모습이 관심을 모아온 덕분이다. 또한 반려동물 하면 반려견을 떠올리는 현상도 보편적이다. 반려동물을 기르는 인구가 1,500만 명에 이르는데, 그중 80퍼센트가 개를 기른다고 하니 특이한 현상은 아닌 듯하다.

실제로 동물훈련사는 대체로 개를 훈련시킨다. 사나운 반려견을 온순하게 만드는 일만 하는 것은 아니다. 사람을 구조하는 인명구조견, 마약을 찾는 마약탐지견, 장애인의 생활을 돕는 장애인 도우미견 같은 '특수목적견'의 훈련도 맡는다. 영화나 광고에서 배우로 일하는 연기견의 훈련도 동물훈련사의 몫이다.

동물훈련사는 반려동물 호텔, 반려동물 케어센터 같은 반려동물 관련 기업에서도 일한다. 반려동물 훈련 기관에서 교육자로 일할 수도 있다.

동물훈련사가 되는 법

반려동물에 초점을 맞춘다면 학교 진학을 고려해보자. 고등학교 또는 대학교의 애완동물과, 반려동물학과, 동물산업과, 동물자원학과 등에 입학해서 전문 교육을 받으면 유리하다.

자격증이 꼭 필요한 것은 아니지만 있으면 취업에 유리하다. 현재는 반려동물 행동교정사, 반려동물 관리전문가, 반려동물 관리지도사, 반려동물 전문가, 반려동물 훈련사, 반려동물 훈련지도사 등의 민간 자격증이 있다. 2023년부터 이와 관련된 국가자격증이 생긴다고 하니 관심을 가지고 지켜보자. 한편 민간 자격증 가운데서는 한국애견협회, 한국애견연맹에서 주는 자격증이 인정을 받는다고 한다.•

사설 훈련 기관의 문을 두드리는 것도 한 방법이다. 동물 훈련사 강형욱도 중학교 3학년 때 사설 훈련 기관에서 동물훈련사로서 첫걸음을 떼었다고 한다. 사설 훈련 기관에서는 견습생으로 1년 이상 근무하면 반려동물 훈련사 3급 자격증을 얻을 수 있다.

동물훈련사의 미래

반려동물과 함께 사는 사람이 많아졌다. TV 프로그램의 영향으로 동물훈련사의 위상도 높아졌다. 그 덕분인지 반려동물 관련 산업도 나날이 성장하고 있다. 관계자들은 동물훈련사의 일자리도 늘어날 것이라 전망한다. 특히 앞으

•　theD마스터플랜연구소, 《반려동물 전문가 마스터플랜》, 더디퍼런스, 2021

로 가정의 반려견 훈련사와 특수목적견 훈련사가 구분되면서 다양한 분야의 훈련사가 활동할 것으로 예상된다. 이러한 분위기로 볼 때 동물훈련사의 미래는 긍정적이다.

하지만 여전히 업무 강도는 세고 보수는 낮은 편이라고 한다. 업무 강도가 높은 근본적인 원인은 동물훈련사의 기본이 동물의 '훈련'이 아니라 '돌봄'이기 때문이라고 한다. 털 정리, 건강관리, 밥 주기, 목욕시키기, 용변 치우기 같은 돌봄 활동을 잘 해내는 동물훈련사만이 훈련에 돌입할 수 있다는 것이다. 동물을 돌보는 일은 동물을 사랑하지 않으면 불가능할 만큼 힘든 일이다.

참고로 동물을 사랑하는 마음만 있다면 동물훈련사 외에 다른 길을 모색할 수도 있다. 수의사, 반려동물 미용사, 반려동물의 장례를 돕는 반려동물 장례플래너, 반려동물로 심리치료를 하는 애니멀 테라피스트 같은 직업에 도전하는 것도 좋다.

빅데이터 전문가

빅데이터 전문가는 무슨 일을 할까?

'빅데이터(Big data)'란 디지털 환경에서 만들어지는 대규모의 데이터를 뜻한다. 미국의 정보기술 연구 및 자문회사인 가트너 그룹은 2012년 빅데이터를 세계 10대 기술로 선정했다. 이를 기폭제로 빅데이터 전문가가 미래의 주요 직업으로 떠올랐다. 빅데이터 전문가는 거대한 데이터 정보를 수집해서 분석하고, 그 분석을 바탕으로 미래를 예측하는 사람이다.

가령 빅데이터 전문가가 온라인 장난감 쇼핑몰에서 일한다고 가정하자. 빅데이터 전문가는 어느 시간대에 어떤 연령층, 어떤 성별의 고객이 사이트를 방문하는지, 어떤 장난감의 검색이 많이 이루어지는지, 가장 잘 팔리는 장난감의 가격대는 얼마인지 등의 정보를 꾸준히 모은다. 모은 정보가 쌓여 거대한 빅데이터를 이루면 그것을 분석해서 쇼핑몰 운영 전략과 판매 전략을 세운다.

현재 빅데이터 전문가는 대기업의 빅데이터 관리 부서, 인터넷 포털 사이트, IT 기업, 데이터 분석 전문 업체, 금융업계, 유통업계 등에서 주로 활동 중인데, 의료, 제조, 공공기관에서도 점점 영역을 넓혀가고 있다. 나아가 선거판에서도 활약하고 있다. 실제로 고한석 빅데이터 전문가는 2017년 대통령 선거의 승리에 크게 이바지했다. 그는 선거를 앞두고 전국 3,500개 읍, 면, 동을 대상으로 전략지도를

만들어 선거 운동을 도왔다.[●]

빅데이터 전문가가 되는 법

빅데이터 전문가가 되기는 만만치 않다. 엄청난 양의 데이터를 자유롭게 다룰 수 있는 능력을 키워야 하고, 통계 이론과 컴퓨터 프로그램에 대한 이해력도 갖춰야 한다. 데이터를 분석해 쓸 만한 결과를 얻어내고 미래를 예측하려면 논리력, 추리력, 창의력, 방대한 상식도 필수다. 데이터 수집과 분석 과정에 긴 시간과 수고가 들기 때문에 인내력도 필요하다.

빅테이터 전문가에게 요구되는 다양한 능력을 쌓으려면 대학에서 통계학, 컴퓨터공학, 산업공학 등을 전공하는 것이 유리하다. 또한 평소 시사 공부와 경영학 공부를 부지런히 해두면 도움이 된다. 미래 예측은 이 시대와 사회의 특징을 잘 알아야 가능하므로 시사 공부가 필요하다. 경영학이 필요한 이유는 빅데이터 전문가가 기업의 이익을 위해 일하는 경우가 많기 때문이다.

자격증을 목표로 공부하는 것도 좋은 방법이다. 한국데

● theD마스터플랜연구소, 《빅데이터 전문가 마스터플랜》, 더디퍼런스, 2020

이터산업진흥원이 주관하는 국가자격증 '빅데이터 분석기사'에 도전해보자. 통계청에서 주관하는 '사회조사분석사'와 '정보처리기사' 자격증도 빅데이터 전문가가 되는 데 도움을 준다.

빅데이터 전문가의 미래

4차 산업혁명 시대가 무르익어 갈수록 빅데이터 전문가의 활약은 더 활발해질 전망이다. 미래는 어쩔 수 없이 불확실성을 동반하는데, 빅데이터가 그 불확실성에 유의미한 도움을 주기 때문이다. 불확실성이 사라지면 기업은 성공 경영의 가능성을 높일 수 있고, 공공기관은 더 나은 서비스를 국민에게 제공할 수 있다.

실제로 빅데이터 기술을 잘 활용하는 기업이 잘되고 있다. 세계 최대 온라인 쇼핑몰 기업인 아마존은 그 좋은 보기다. 《빅데이터 전문가 마스터플랜》에서는 아마존이 빅데이터 기술을 활용한 사례를 소개하고 있다.

세계적인 온라인 쇼핑몰 기업 아마존은 빅데이터를 아주 잘 활용하는 기업으로, 그들은 고객의 상품 구매 경향을 분석한다. 어떤 물건을 구매한 고객이 추가로 구입할 것을 예측해 다른 상품을 추천하고 할인 쿠폰까지 준다. 또 고객이 구매하기 전에 배송을 준비하는 예측배송 서비스도 제공한다. 고객이 상품을 구입하지 않은 상황에서 고객의 주소 근처에 위치한 물류 창고로 배송을 시작한다. 이것은 기존에 구입한 내역과 검색 내역 등을 참고하여 목록을 만들고 쇼핑 카트에 담아놓은 상품, 마우스 커서가 오래 머문 위치 등을 데이터에 저장해 고객에게 맞추는 시스템이다. 이 모든 것이 빅데이터 분석으로 가능한 일이다.●

유튜브의 알고리즘, 구글 번역기도 빅데이터 기술이 있기에 가능한 것이다. 유튜브는 동영상 시청 빅데이터를 바탕으로 사용자에게 맞춤형 영상을 제공하며, 구글 번역기는 많이 쓰이는 단어와 문장을 분석하여 정확한 번역을 해낸다.

지금까지 알아본 바와 같이 빅데이터는 현재, 그리고 미래의 키워드라고 할 수 있다. 이 키워드가 힘을 잃을 가능성은 낮아 보인다. 달리 말해 능력만 갖춘다면 빅데이터 전문가로서 성공할 가능성이 높다.

● 위의 책, 64쪽

좋아하는 일과 잘하는 일 중에
무엇을 직업으로 삼을까?

삶은 행복을 찾아가는 여정

다음 중 행복하게 살아갈 가능성이 가장 높은 사람은 누구일까?

① 싫어하는 일을 잘하는 사람

② 싫어하는 일을 못하는 사람

③ 좋아하는 일을 못하는 사람

④ 좋아하는 일을 잘하는 사람

여러분은 몇 번을 골랐을까? 아마도 대부분 ④번을 골랐을 것으로 예상된다. ④번에 해당하는 사람이 ①, ②, ③번보다 상대적으로 행복해 보이기 때문이다.

가령 축구를 좋아하는데 실력까지 뛰어나서 탄탄대로로 축구선수가 된 A(④에 해당)는 축구를 좋아하지만 실력이 부족해서 조기축구 회원으로 활동하는 B(③에 해당)보다 더 행복하게 보일 것이다.

그런데 A가 프로 팀에 입단해서 한 번도 주전으로 뛰지 못했다고 생각해보자. 줄곧 벤치 신세만 지다가, 은퇴 직전 딱 한 번 교체 선수로 나섰다가 결정적 골 기회를 놓쳐서 악성 댓글 세례를 받았다(③에 해당). 그로 인해 A는 축구 자체에 회의를 느끼게 되었다.

B는 사람 상대하는 것을 싫어하지만 생계를 위해 하릴없이 자동차 영업소에 취업했다. 그는 영업 기술과 대인관계 기술을 익히며 황소처럼 일했다. 그 피나는 노력 덕분에 3년 만에 판매왕으로 등극했다(①에 해당). B는 두둑한 보너스로 풍요로운 삶을 누리며 일요일에는 취미로 조기축구를 즐겼다. 돈과 영예와 삶의 여유까지 얻으니 싫었던 자동차 영업이 좋아지기까지 했다. 자, 이제 A와 B 중 누가 더 행복하게 보이는가?

사람들은 직업을 선택할 때 여러 가지 고민을 하는데, 특히 '좋아하는 일과 잘하는 일 가운데 어떤 일을 직업으로 삼을까?' 하는 고민에 빠진다.

일단 좋아하는 일을 잘하면 고민은 길지 않을 것이다. A

도 큰 고민 없이 축구선수의 길로 들어섰다. 하지만 좋아하고 잘하는 일이 직업으로 이어진다고 해서 반드시 행복을 보장받는 것은 아니다. 어쩌면 직업으로 정한 딱 그 순간까지만 행복이 보장될지도 모른다. 인생은 길다. A처럼 직업에서 눈부신 성과나 좋은 평판을 얻지 못하면 행복은 물거품이 될 수도 있다. 긴 삶의 여정 속에서 '좋아하고 잘하는 일'도 '싫어하고 못하는 일'로 변할 수 있다.

열쇠를 쥐고 있는 사람은, 결국 나

좋아하는 일과 잘하는 일이라는 선택의 갈림길에 섰을 때 스스로를 깊이 들여다보아야 한다. 어떤 직업을 갖든 돈은 먹고살 만큼만 벌면 된다고 생각한다면 '좋아하는 일'을 직업으로 삼는 게 낫다. 일을 못해도 큰 스트레스는 받지 않기 때문이다. 반면에 돈을 많이 벌 때 더 만족감이 든다면 좋아하는 일보다는 '잘하는 일'을 선택하는 게 좋다. 잘하는 일에서 좋은 성과를 낼 가능성이 높고, 좋은 성과는 대체로 돈으로 연결된다.

돈, 성과, 평판보다 좋아하는 일을 하는 게 최고라고 여기는 사람이라면 좋아하는 일을 선택하자. 이런 사람은 좋아하는 일을 하는 것 자체에서 행복을 얻는다. 직업의 첫째 목적을 안정적인 생활에 두는 사람이라면 잘하는 일을 선택하는 것이 안전하다. 앞서 말했듯 잘하는 일에서 일찍 성과를 올릴 수 있고, 성과는 직장에서 인정받는 요인이 된다.

한편 도전, 모험, 미지의 세계를 개척하는 것에 짜릿함을 느끼는 성격이라면 싫어하는 일, 심지어 싫어하고 못하는 일을 직업으로 선택해도 불행에 빠질 확률이 조금 줄어들지 않을까? 과정은 힘들어도 부딪쳐서 직무를 해낼 때 보람을 얻을 테니 말이다.

청소년 시기에는 자신이 어떤 성향인지, 어떤 것에 더 가치를 두는지 정확히 알기 어렵다(물론 어른이 되어도 크게 다르지 않다. 우리는 죽을 때까지 자기 자신을 100퍼센트 정확하게 알지 못한다). 그러므로 스스로를 알아가는 데 더욱 힘써야 한다. 다행히 여러분은 지금 당장 직업을 선택하지 않아도 괜찮다. 지금은 스스로에게 관심을 쏟으며 한 발 한 발 자신에게 다가서는 시기이다.

다만 노력하지 않는다면 원하는 직업을 갖기도, 그 직업에서 살아남기도 어렵다는 사실만 알아두자. 드라마 〈스물다섯, 스물하나〉의 주인공 나희도(김태리 분)는 어려서부터 펜싱 칼을 잡고 펜싱 신동이라 불렸다. 하지만 고등학교 때 우수한 성적을 내지 못해 그저 그런 선수로 전락한다. ④에서 ③으로 처지가 바뀌게 된 것이다. 그러나 펜싱을 너무너무 좋아했던 나희도는 포기하지 않았다. 고등학생

신분으로 올림픽 금메달리스트가 된 고유림(김지연 분)의 훈련 장면을 훔쳐보며 따라 하고, 고유림에게 배우고 싶어 그 애의 학교로 전학까지 간다. 팔과 다리에 모래주머니를 달고 달리며 이를 악물고, 선배들의 '갈굼'도 꿋꿋이 이겨 낸다. 나희도는 이러한 남다른 노력 끝에 펜싱 국가대표로 선발되고, 올림픽에서 금메달을 목에 건다.

노력으로 성공하는 삶이 드라마에만 있을까? 현실에도 분명 있다. '한국인 최초 프리미어리그 선수'라는 타이틀을 가진 박지성은 청소년기까지 그다지 주목받는 선수가 아니었다. 키도 작고 체격도 작았다. 어릴 땐 경기(갑자기 의식을 잃고 경련을 일으키는 증상)도 자주 일으킬 만큼 약골이었다. 박지성은 자신의 그런 약점을 노력으로 극복했다. 쉼 없는 체력 단련으로 지구력을 키우고, 그라운드에서는 남보다 더 많이 뛰면서 골 넣을 기회를 스스로 만들었다. 부단한 노력은 대학 시절에 빛을 발했고, 올림픽 대표라는 결실로 드러났다. 이후에도 박지성은 노력을 멈추지 않았고, 그 결과 대한민국 국가 대표, 나아가 프리미어리그(잉글랜드의 최상위 축구 리그) 선수로까지 성장했다.

프리미어리그 시절 박지성의 별명은 '두 개의 심장'이다. 지칠 줄 모르고 그라운드를 누비는 그의 모습에 팬들이 붙인 별명이다. 한 경기에서 가장 많이 뛰는 축구선수는 보통

10킬로미터를 달린다고 한다. 그런데 박지성이 달린 거리는 12~13킬로미터다. 그는 왜 그렇게 많이 달렸을까? 정말로 심장이 두 개여서 힘든 걸 몰랐을까? 박지성이 달린 한 걸음 한 걸음은 그의 노력이었다. 세계적인 선수들과의 승부에서 이기기 위한 값지고 귀한 노력이었다.

좋아하는 일과 잘하는 일 중에 무엇을 직업으로 삼을까? 그 열쇠를 쥐고 있는 사람은 바로 자기 자신이다. 자기 자신이 잘하는 일, 좋아하는 일, 그리고 단점과 약점을 알아가는 노력이 필요하다.

3장
직업인으로
살아남기

직업을 갖기 전에
해야 할 일

불가능은 항상 있지만…

"불가능이란 없다. 우리는 우리 자신을 믿어야 한다."

박지성 선수가 한 말이다. 박지성 선수가 한 말에 딴지를 걸 생각은 없지만, 사실 우리 삶에 불가능은 항상 있다. 가수 오디션 프로그램 〈슈퍼스타 K〉의 심사위원 이승철의 말을 되새겨 보자. 그는 방송에서 "가수는 타고나는 것이 더 중요하며, 연습만으로는 성공할 수 없다."고 말했다. 냉정하게 볼 때 틀린 말은 아니다. 연습, 즉 노력으로 음정과 박자 맞추기, 음역 넓히기와 성량 높이기, 노래에 감정 싣기는 발전 가능하다. 하지만 목소리 자체는 바꾸기 어렵다.

매력 없는 목소리의 주인공이 가수로서 성공하기는 불가능에 가깝다.

그러나 박지성의 말대로 우리는 자기 자신을 믿어야 한다. 자신에게 해낼 수 있다는 능력이 있음을 믿고 목표를 세우고, 그 목표를 향해 나아가야 한다. 축구선수가 꿈인 사람이 100미터 기록이 20초라고 가정해보자. 축구선수라면 적어도 12초대에는 달려야 하는데, 20초라는 기록을 8초나 단축하는 건 불가능할지도 모른다. 그래도 노력한다면 15초대까지는 들어올 수 있을 것이다. 물론 이 기록도 축구선수로 뛰기에는 한참 모자라다.

그런데 축구선수가 장래희망인 사람은 달리기 연습만 하지 않는다. 축구 이론도 공부하고, 경기도 분석하고, 축구 역사도 배우고, 훌륭한 선수의 훈련 방법도 연구하는 등 갖은 노력을 다한다. 그 땀방울들이 비록 축구선수를 만들어 주지 못한다 해도 관련 업종으로의 길은 열어 줄 것이다. 즉, 축구구단의 프런트(구단의 행정 업무를 맡은 사람), 축구 용품 디자이너, 스포츠 에이전트의 길을 갈 수도 있다. 게임에 관심 있는 사람이라면 훗날 게임창작자가 되어 박진감 넘치는 축구게임을 개발할 때 지난날 축구에 쏟은 노력이 빛을 발할 것이다.

가수를 꿈꾸는 사람도 마찬가지다. 비록 가수가 되지 못

해도 가수가 되기 위해 공부하고 익힌 지식과 기술은 오롯이 자신에게 남는다. 우리가 하는 이 모든 노력은 언젠가 무엇으로든 다시 태어난다. 가수만 노래와 함께하는 삶을 사는 것은 아니다. 작곡가, 작사가, 대중음악 평론가, 음반제작자, 음악방송 프로듀서 같은 직업인도 노래와 함께하는 삶을 산다.

우리가 스스로를 믿을 때 불가능과 마주치더라도 절망하지 않을 수 있다. 다른 길을 모색할 수 있는 에너지, 새로운 삶과 행복을 찾을 수 있는 능력을 얻을 수 있다. 그러므로 박지성의 명언을 이렇게 바꿔 보면 어떨까?

"우리는 우리 자신을 믿어야 한다. 불가능에 넘어지더라도 보다 많은 것을 할 수 있으므로."

직업을 갖고 싶다면, 하자

일본의 소설가로서 오랜 세월 세계적으로 명성을 떨치고 있는 무라카미 하루키. 그는 자전적 에세이 《직업으로서의 소설가》에서 소설 쓰기 훈련을 전혀 받아본 적이 없다고 말했다. 미친 듯이 습작에 열을 올린 적도 없다고 덧붙였다. 야구장을 찾았다가 방망이에 공이 맞는 "상쾌한 소리"에, "띄엄띄엄" 들려오는 관중의 박수 소리에 불현듯 소설을 쓸 수 있지 않을까 하는 생각이 들었다고 고백했다. 야구 경기가 끝난 뒤 하루키는 서점에서 원고지와 만년필을 샀고, 그날부터 소설을 쓰기 시작했다.

그 시절 그는 재즈 카페를 운영하고 있었는데, 하루 장사를 마친 뒤 늦은 밤 만년필을 쥐고 원고지와 씨름했다. 가까스로 탈고해서 공모전에 응모하고 나니 1년 가까운 시간이 지나 있었다. 바야흐로 나이는 서른, 창작의 수고는 다행히 당선이라는 열매를 맺었다. 하루키의 첫 소설 《바람의 노래를 들어라》는 이런 집필 과정 속에서 태어났다.

하루키는 대학에 다니던 중 이른 결혼을 했다. 가정을 꾸렸지만 취직하기 싫었던 그는 여기저기서 빚을 내 재즈 카페를 차렸다. 그렇게 학생 부부와 청년 자영업자로 이십대를 보내다가 우연히 야구장에서 소설가의 꿈을 품은 것이다. 그리고 비교적 쉽게 꿈을 실현했다. 저명한 소설가의 아주 쉬운(?) '등단 스토리'에 구슬땀 흘리며 습작에 매달리는 지망생들은 맥이 탁 풀릴지도 모르겠다. 하루키는 그냥 천재였던 것일까? 소설과 무관하게 살다가 '불현듯' 소설 쓸 생각을 품었고, 처음 쓴 소설로 꿈을 이루었으니 말이다.

하루키 자신도 깨닫지 못했던 천재적 재능이 그에게 잠자고 있었을지도 모른다. 하지만 하루키가 탁월한 재능만으로 소설가가 된 것은 아니다. 그는 중고등학교를 통틀어 자신보다 책을 많이 읽은 사람은 없다고 자부할 만큼 다독가였다. 또한 편식 없이 고르게 음악을 즐겨듣는 음악 오타쿠였다. 가부키초라는 번화가에서 밤샘 영업 아르바이트를 하면서 다양한 사람을 경험하고, 때로 위험한 일도 겪었다. 하루키는 이 아르바이트 시절 삶의 지혜와 인생을 배웠다고 했다.

이와 같이 소설가의 꿈을 품기 전 겪은 다채로운 경험은 하루키가 소설가에 도전할 때 어떤 도움을 주었을까? 하루키의 소설을 읽는다면 쉽게 답을 알아낼 수 있을 듯하다.

청소년 시절 가능한 한 다양한 체험을 해보는 것은 어떨까? 체험은 기회를 준다. 단순하게 생각하자. 외국어를 배우지 않으면 통역사, 번역가, 여행 가이드 같은 직업은 꿈도 꾸지 못한다. 또한 박물관이나 미술관에 한 번도 안 가본 사람이 큐레이터(Curator)●로 취업하기는 어렵다. 혹시 직업을 선택하고 그것을 위해 준비하는 중이라면 체험의 폭을 최대한 넓히자!

● 박물관이나 미술관의 전시를 기획하고, 작품이나 유물에 대한 수집·관리·연구를 담당하는 직업.

가령 로봇공학자가 되고 싶다면 로봇 만들기, 로봇 전시회 관람 같은 체험을 열심히 해야 하는 것은 당연하다. 뿐만 아니다. 장애인을 위한 봉사처럼 로봇공학자와 거리가 멀어 보이는 체험도 미래 장애인을 돕는 로봇을 만드는 데 도움을 준다.

라이벌은 약이 된다

성장하고 싶다면 롤 모델(role model)을 찾으라는 말을 종종 들을 것이다. 롤 모델은 대체로 자신보다 나은, 한마디로 잘난 사람이다. 하지만 꼭 잘난 사람을 찾아 해바라기할 필요는 없다. 그러다가 롤 모델처럼 되지 못하면 상처만 남기 때문이다.

롤 모델 대신 라이벌을 갖는 것도 어느 정도 성장에 도움이 된다. 라이벌(rival)이란 "같은 목적을 가졌거나 같은 분야에서 일하면서 이기거나 앞서려고 서로 겨루는 맞수"를 가리킨다. 라이벌의 핵심은 '경쟁'으로, 선의의 경쟁과 악의의 경쟁 모두 포함된다. 둘이 경쟁을 벌이는 상황에서만 라이벌이 성립된다.

그런데 라이벌은 자신보다 아주 우월하지는 않은, 이른바 넘사벽의 존재는 아니다. 조금은 만만한, 한번 해볼 만한 상대다. 따라서 롤 모델 같은 뛰어난 사람을 넘어서려다 넘어지는 일도, 넘어질 때 찾아오는 좌절감에 무너질 위험도 적다. 라이벌과의 승부에서는 때론 이기고 때론 진다. 그 과정에서 패배를 이겨내는 내공과 의욕을 불태우는 힘을 나란히 키울 수 있다.

애플의 스티브 잡스와 마이크로소프트의 빌 게이츠는 라이벌 관계에 가까운 인물들이다. 개인용컴퓨터(PC)의 대표적 운영체제인 윈도우(Windows)는 두 사람의 엎치락뒤치락하는 긴 승부 끝에 탄생했다.

빌 게이츠는 친구로 여겼던 스티브 잡스의 발명품 매킨토시(Macintosh)에 자극을 받아 윈도우를 개발했다. 그 이전 스티브 잡스가 매킨토시를 개발한 바탕에는 빌 게이츠의 성공작 MS-DOS가 있었다. 한편 윈도우로 부와 명예를 거머쥔 빌 게이츠는 스티브 잡스가 어려울 때 외면하지 않았다. 빌 게이츠는 애플에 15억 달러를 투자했고, 스티브 잡스는 이를 발판 삼아 아이폰을 개발해 재기할 수 있었다.

라이벌을 만드는 방법은 간단하다. 혼자 마음속으로 누군가를 점찍으면 된다. 상대가 그 사실을 몰라도, 라이벌로 인정하지 않아도 상관없다. 공부든, 운동이든, 예체능이든 한 사람만 정해서 마음속으로 경쟁 구도를 만들어 가자. 혼자 북 치고 장구 치는 기분이 들어도 위축될 필요는 없다. 잃는 것보다는 얻는 것이 많고, 그 얻음으로 생기를 찾을 수 있을 테니까.

주변에 라이벌 삼을 만한 인물이 없다면 가상인물도 괜찮다. 만화, 소설, 영화 속의 인물을 고르면 된다. 어린이를 위한 직업책《일과 직업, 어디까지 아니?》의 저자 신서현은 학창 시절《해리포터》시리즈의 '헤르미온느'를 라이벌로 여겼다고 한다. 헤르미온느를 생각하며 열심히 공부해서 일등을 한 적도 있다고 한다. 저자는 그 경험이 성장에 큰 도움이 되었다고 고백했다.

직업 가치관을 세우는 시간

가치관은 무엇을 선택하는 기준이 된다. 사람은 저마다 옳은 것과 그른 것, 아름다운 것과 추한 것, 해야 할 것과 해서는 안 될 것 등에 가치를 매긴다. 가치를 매길 때 자신의 가치관을 들이대고, 그 가치관이 선택한 방향으로 움직인다.

직업을 선택할 때도 가치관이 작용한다. 이 가치관은 직업에 초점을 맞춘 것이라 직업 가치관이라고 한다. 본인이 직업을 선택할 때 중요하게 생각하는 가치가 무엇인지 분명하게 알고 있다면 직업 가치관이 확립된 사람이다. 분명한 직업 가치관에 따라 직업을 고른 사람은 그 직업에 만족할 가능성이 높다. 직업에 대한 만족은 행복과도 연결된다.

청소년 시기에 자신의 직업 가치관을 정확히 알기란 쉽지 않다. 아직 직업을 가져본 적이 없고 사회 경험도 모자라기에 당연한 일이다. 때문에 직업 가치관 검사를 받으면 직업 가치관을 아는 데 도움이 된다.

2장에서 소개한 워크넷의 직업심리검사와 커리어넷의 직업심리검사에 모두 직업 가치관 검사가 있다. 중학교 3학년 이상에게는 워크넷의 직업 가치관 검사가 적당하고, 중학교 1, 2학년에게는 커리어넷의 직업 가치관 검사가 좋다. 다만 두 가지 검사에 큰 차이는 없다. 따라서 중학교 1, 2학년이 워크넷의 검사를 선택해도 문제는 없다. 두 가지 다 받아도 괜찮다.

다음은 워크넷의 직업 가치관 검사에서 제시하는 13개의 직업가치이다. 가치 설명, 관련 직업도 함께 소개하고 있다. 검사를 받은 사람은 본인이 어떤 것(가치 요인)에 더 가치를 두는지, 그래서 어떤 직업이 어울리는지 알게 된다.

13가지 직업 가치와 관련 직업

가치 요인	가치 설명	관련 직업
1. 성취	스스로 달성하기 어려운 목표를 세우고 이를 달성하여 성취감을 맛보는 것을 중시하는 가치	교수, 연구원, 프로운동선수, 연구가, 관리자 등
2. 봉사	자신의 이익보다는 사회의 이익을 고려하며, 어려운 사람을 돕고, 남을 위해 봉사하는 것을 중시하는 가치	판사, 소방관, 성직자, 경찰관, 사회복지사 등
3. 개별 활동	여러 사람과 어울려 일하기보다 자신만의 시간과 공간을 가지고 혼자 일하는 것을 중시하는 가치	디자이너, 화가, 운전사, 교수, 연주가 등
4. 직업 안정	해고나 조기퇴직의 걱정 없이 오랫동안 안정적으로 일하며 안정적인 수입을 중시하는 가치	연주가, 미용사, 교사, 약사, 변호사, 기술자 등
5. 변화 지향	일이 반복적이거나 정형화 되어 있지 않으며, 다양하고 새로운 것을 경험할 수 있는지를 중시하는 가치	연구원, 컨설턴트, 소프트웨어개발자, 광고 및 홍보전문가, 메이크업아티스트 등
6. 몸과 마음의 여유	건강을 유지할 수 있으며 스트레스를 적게 받고 마음과 몸의 여유를 가질 수 있는 업무나 직업을 중시하는 가치	레크리에이션 진행자, 교사, 교수, 화가, 조경기술자 등
7. 영향력 발휘	타인에게 영향력을 행사하고, 일을 자신의 뜻대로 진행할 수 있는지를 중시하는 가치	감독 또는 코치, 관리자, 성직자, 변호사 등
8. 지식 추구	일에서 새로운 지식과 기술을 얻을 수 있고 새로운 지식을 발견할 수 있는지를 중시하는 가치	판사, 연구원, 경영컨설턴트, 소프트웨어개발자, 디자이너 등

9. 애국	국가의 장래나 발전을 위하여 기여하는 것을 중시하는 가치	군인, 경찰관, 검사, 소방관, 사회단체활동가 등
10. 자율	다른 사람들에게 지시나 통제를 받지 않고 자율적으로 업무를 해나가는 것을 중시하는 가치	연구원, 자동차영업원, 레크리에이션 진행자, 광고전문가, 예술가 등
11. 금전적 보상	생활하는 데 경제적인 어려움이 없고 돈을 많이 벌 수 있는지를 중시하는 가치	프로운동선수, 증권 및 투자중개인, 공인회계사, 금융자산운용가, 기업 고위임원 등
12. 인정	자신의 일이 다른 사람들로부터 인정받고 존경받을 수 있는지를 중시하는 가치	파일럿, 판사, 교수, 운동선수, 연주가 등
13. 실내 활동	주로 사무실에서 일할 수 있으며 신체활동을 적게 요구하는 업무나 직업을 중시하는 가치	번역가, 관리자, 상담원, 연구원, 법무사 등

출처: 직업 가치관 검사(워크넷)

직업을 가진 다음에
해야 할 일

첫 느낌은 소중하다

'초심을 잃지 말자'는 말을 들어보았을 것이다. 이 말은 어떤 일을 시작할 때 갖는 각오, 마음가짐을 끝까지 가지라는 뜻이다. 예를 들어, 변호사 자격이 있는 사람이 억울한 사람을 위해 최선을 다하겠다고 다짐한 첫 마음이 초심이다. 직업인의 초심에는 '열심', '정직', '공정' 그리고 '진심'이 있다.

직업인이라면 초심에 한 가지 더할 것이 있다. 바로 '첫 느낌'이다. 다시 무라카미 하루키의 《직업으로서의 소설가》를 톺아보자. 하루키는 스스로를 천재라고 생각하지 않는다고 했다. 다만 "삼십 년 넘게 전업 소설가로 밥을 먹고 있으니", 재능이 어느 정도는 있는 것 같다고 했다. 그렇다면 그는 특출하지도 않은 재능으로 어떻게 소설가로서 장수하고 있을까? 그 비결은 '첫 느낌'에 있다.

하루키는 첫 소설 쓰기에 돌입해서 문장을 만들던 때의 느낌을 늘 간직하고 있다고 한다. 그 느낌은 '기분 좋음'과 '즐거움'이다. 이 긍정적인 느낌 덕분에 창작의 고통에 괴로워한 적이 없고, 새 소설을 구상하며 머리를 굴릴 때 행복하다고 했다. 책 속에서 하루키 자신이 소설가로 장수하는 비결로 이 첫 느낌에 대해 직설적으로 언급한 것은 아니지만, 글을 읽은 독자라면 충분히 느낄 수 있다. 창작이 즐겁고 새 소설을 구상할 때 행복하다면 소설을 놓을 이유가 없지 않겠는가.

사실 특출한 재능을 가졌다고 해도 전업 소설가로 삼십 년 넘게 꾸준히 작품을 발표하기란 쉽지 않다. 반짝 등단했다가 소리 없이 사라지거나, 몇 년 활발하게 활동하다가 유야무야 잊히는 소설가가 많다. 책의 인세˙ 수입만으로 먹고사는 것도 정말 만만치 않은 일이다. 우리나라에도 이런 전업 소설가는 극소수이다. 대다수 소설가들이 회사에 다니

˙ 저작물을 발행하여 판매하는 자가 저작자에게 저작물이 팔리는 수량에 따라 일정한 비율로 치르는 돈.

거나, 자영업을 하거나, 이런저런 일을 하며 글을 쓴다.

어떤 직업을 갖든 첫 느낌을 지키면 일하는 데 도움이 된다. 버스운전사로 일한다면 운전대를 처음 잡았을 때의 느낌, 경찰관으로 일한다면 처음 제복을 입었을 때의 느낌을 기억하자. 그 기억으로 업무 스트레스를 견딜 수 있을 것이다. 일이 지겨워지고 딴생각이 들 때 마음을 다잡을 수 있을 것이다.

물론 첫 느낌이 나쁠 가능성도 있다. 첫 느낌이 불쾌하고 나빴다면 하루속히 버리는 것이 좋다. 다만 아주 조금은 남겨두도록 하자. 시간이 흘러 일에 적응하고 능숙하게 되었을 때 유쾌하지 않았던 그 첫 느낌이 약이 될 수 있기 때문이다. 일에 적응하고 능숙해진 시점이라면 아마도 나빴던 느낌은 좋은 느낌으로 변해 있을 것이다. 그 변화를 '개선'이라고 생각하면 어떨까? 나빴던 첫 느낌은 개선의 즐거움을 더 생생하게 맛보게 해줄 것이다.

긍정과 부정 사이에서

플라시보 효과(Placebo effect)라는 말이 있다. 약효 없는 약을 먹은 사실을 모르는 환자가 나을 수 있다는 믿음만으로 병세가 호전되는 현상이다. 플라시보 효과의 반대말은 노시보 효과(Nocebo effect)이다. 진짜 약을 먹어도 환자가 효과가 없을 거라 믿으면 약효가 떨어지는 현상이다. 플라시보 효과는 긍정이 가진 힘을 보여 준다. 잘될 거라는 긍정적인 믿음은 안 좋은 상황을 어느 정도 나아지게 만드는 힘이 있다.

플라시보 효과를 발견한 사람은 프랑스의 약사 에밀 쿠에(1857~1926)다. 쿠에는 어느 날 의사의 처방전 없이 약을 구하러 온 환자에게 포도당류의 알약을 내주었다. 늦은 시간 약을 구할 곳이 없어 쩔쩔매는 환자를 그냥 돌려보낼 수도 없고, 그렇다고 법을 어기면서까지 약을 줄 수도 없어서 아무 효과 없는 포도당류를 준 것이다. 쿠에는 환자를 안심시키기 위해 효과가 아주 좋은 약이라며 하얀 거짓말까지 보탰다. 그런데 나중에 그 환자가 다시 찾아왔다. 약의 효험이 좋아서 말끔히 나았다면서.

이 일을 계기로 쿠에는 '자기 암시'의 힘을 믿게 되었고, 쿠에이즘(Couéism)이라 불리는 '자기 암시법' 이론을 펼쳤다. 자기 암시법은 간단하다.

"나날이, 모든 면에서, 나는 점점 더 좋아지고 있다.(Everyday, in every way, I'm getting better and better.)"라고 주문처럼 틈틈이 되풀이하는 것이다. 이 주문은 상황에 따라 얼마든지 변화가 가능하다. 예를 들어, 시험을 망칠 것 같은 불길함이 엄습할 때 "나는 시험을 잘 볼 거야."라고 말하면 된다. 이와 같이 자기 암시를 하면 시험을 잘 볼 가능성이 한층 더 높아진다. 이것이 쿠에의 자기 암시법의 핵심이다.

작가이자 강사이며, 현대 자기계발서의 개척자로 평가받는 데일 카네기(1888~1955)도 쿠에의 자기 암시법을 받아들였다. 데일 카네기는 1936년 펴낸 《How to Win Friends and Influence People》에서 긍정의 힘에 대해 언급했다. 이 책은 전 세계적으로 1500만 권 이상 팔린 스테디셀러로, 우리나라에서는 《인간관계론》이라는 제목으로 출간되었다. 지금도 여전히 독자들의 뜨거운 사랑을 받고 있는데, 그 이유는 많은 이들의 공감을 얻고 있기 때문이다.

데일 카네기도 실패의 동굴 속에서 긍정의 힘으로 빠져나온 인물이다. 그는 대학 시절 풋볼 팀에 들어가려다가 체격 조건이 못 미쳐 포기해야 했다. 말주변도 없어서 인기도 바닥이었다. 자존감을 잃은 그는 극단적 선택의 마음까지 품었다.

하지만 다행히 노력하는 쪽으로 마음을 바꿨다. 그는 풋볼 팀 대신 들어간 토론 모임에서 잘할 수 있다는 마음으로 부지런히 노력했다. 그 결과 데일 카네기는 졸업할 무렵 학교 안에서 유명한 논객으로 자리매김했다.

그러나 대학 졸업 후에도 실패는 데일 카네기를 따라다녔다. 세일즈맨으로 일한 그에게서 성공을 앗아갔다. 하지만 실패는 데일 카네기를 무너뜨리지는 못했다. 그는 실패를 딛고서 비즈니스맨을 대상으로 한 연설 강의를 들었다. 이를 계기로 강사의 세계에 들어섰다. 그는 지난날의 피나는 노력을 바탕으로 강사로서 한 계단 한 계단 올라섰다. 그리고 마침내 오늘날의 데일 카네기로 우뚝 설 수 있었다.

자기 암시법에도 함정은 있다. 잘될 거라는 주문을 걸었는데 잘되지 않았을 경우 상처가 더 클 수 있다. 그래도 우리 인생은 부정이 아닌 긍정 쪽에 서는 게 훨씬 유리하다. 상처는 긍정으로 치료해야 회복 가능성이 높다. 부정적인 마음은 상황을 더 악화시켜 돌이킬 수 없는 상태로 빠뜨릴 뿐이다. 직업인이라면 긍정의 힘을 믿고 일해야 한다. 직업인은 잘해야 인정받는 존재이고, 직장은 잘해야 살아남는 세계이다. 부정적인 마음으로 일한다면 좋은 결과를 기대하기 어렵다.

그래도 답은 강점이다

"약점을 보완하기보다는 강점을 키우는 데 집중하자."

자기계발서나 관련 주제 강연에서 단골로 써먹는 말이다. 그럴 만하다. 타이거우즈는 벙커에 빠진 공을 잘 못 치는 약점을 보완하기보다 '멀리 치기와 퍼팅●'이라는 강점을 살려 골프 황제의 자리를 지켰다. 워런 버핏은 투자자에게 꼭 필요한 '인내심'이라는 강점을 살려 투자의 귀재가 되었다. 타이거우즈와 워런 버핏보다 2세기나 옛날 사람인 벤저민 프랭클린도 "인생의 진짜 비극은 천재적 재능을 타고나지 못한 것이 아니라 이미 가진 강점을 제대로 활용하지 못하는 것"이라는 말을 남겼다. 이 정도면 강점을 살리는 게 헛된 일은 아닌 것 같다.

골프 선수, 투자자 같은 직업은 직업 특성상 강점과 약점이 또렷하게 드러난다. 가수라는 직업도 마찬가지다. 트로트 가수가 발라드를 못 부르면 그에게 트로트는 강점, 발라드는 약점이 된다. 그가 트로트라는 강점을 살리면 히트곡을 낼 가능성은 높아질 것이다. 간호사, 공무원, 택배기사 같은 직업은 어떨까?

종합병원 간호사의 하루는 눈코 뜰 새 없이 바쁘다. 약품 카트를 밀며 병실을 돌고, 환자 상태를 일일이 체크하고, 주사를 놓고, 환자 차트를 기록한다. 이같이 바쁜 하루 일과에 휴식이 끼어들 틈이 없다. 화장실 갈 시간, 밥 먹을

●　그린 위에서 공을 홀에 넣으려고 '퍼터'라는 골프채로 공을 치는 일.

시간도 빠듯하다. 보통 하루 8시간씩 3교대로 일하기에 늘 피로를 달고 산다. 무례하거나 까다로운 환자를 상대하는 것 역시 간호사가 매일 부딪치는 업무이다.

주민센터 민원 창구에서 일하는 공무원의 하루일과는 어떤가. 민원인 상대, 전화 응대, 민원서류 발급 업무가 반복된다. 반복되는 업무가 주는 지루함은 공무원의 의욕을 떨어뜨리기도 한다. 공무원을 하대하고 억지를 쓰는 '진상 민원인'도 꾸준하다. 진상 민원인도 공무원의 직업 만족도를 떨어뜨리는 주요 요인이다.

택배기사는 '택배(물품을 요구하는 장소까지 직접 배달해 주는 일)'만 하지 않는다. 이른 아침 물류센터에서 컨베이어 벨트를 타고 오는 택배 물품을 분류하고 자신의 운송차에 싣는 일까지 한다. 이 작업부터 무척 고되다. 이미 지친 몸으로 배달을 시작하는 것이다. 물품을 배달할 때는 쉴 새 없이 달린다. 하루 배당받은 물량을 다 배달하려면 늘 뛰어다니다시피 한다. 골목길 운전, 비탈길 주차도 까다롭다. 특히 비탈길 주차는 업무 시간을 까먹는 주원인 중 하나다. 운송차를 내리막을 향해 주차하면 짐칸 문을 열 때 물품이 쏟아지므로 오르막을 향해 해야 한다.

지금까지 간호사, 공무원, 택배기사의 일과를 짧게 정리해 보았다. 이들 직업인은 자신의 분야에서 어떤 강점을 살릴 수 있을까? 강점을 살리는 데 투자할 시간적 여유는 있는 걸까? 더구나 강점을 살린다고 해도 골프 선수, 투자자, 가수처럼 구체적인 결과물을 얻기는 어려워 보인다. 이들에게 결과물이라면 기껏해야 승진, 포상 정도일 것이다.

그럼에도 강점을 찾을 필요가 있다. 결과물이 승진과 포상에 머물더라도 자신의 강점을 살리는 것이 낫다. 직업인이라면 누구나 직장 안에서 자리가 안정되고 직업 만족도가 높아지기를 바란다. 승진과 포상은 안정과 직업 만족도를 분명 높여준다. 그렇다면 강점을 찾는 일이 우선되어야할 텐데, 간호사와 공무원과 택배기사는 어떤 강점을 개발할 수 있을까?

강점은 꼭 대단한 게 아니다. 사소한 것을 강점으로 만들수 있다. 주사를 잘 놓는 간호사는 주사 놓기를 강점으로살릴 수 있다. 이것에 집중하면 일이 '조금' 즐거워지고, 업무 스트레스 역시 '조금' 덜어낼 수 있다.

전화 응대를 잘하는 공무원은 말씨나 단어 선택을 잘해서 민원인들의 마음을 상하지 않게 할 것이다. 이 점을 강점으로 살리면 악성 민원을 처리하는 지혜와 노하우를 터득할 수 있다. 그러면 자연스럽게 업무 만족도가 높아진다. 택배기사의 경우 짐 싣기 요령, 계단 오르기 요령, 운전과주차 실력 등을 강점으로 살릴 수 있다. 그러면 빠른 시간

안에 배달을 마칠 수 있어 여유가 생긴다.

강점을 살리면 자연히 일을 잘하게 된다. 일을 잘하면 당장 눈에 띄는 성과는 없지만 적어도 '버티는 힘'이 생긴다. 일은 못할 때보다는 잘할 때 조금이나마 재미있기 마련이다. 재미가 있으면 힘들어도 견딜 수 있다.

달의 뒷면을 바라보라

우리는 달의 앞면만 볼 수 있다. 볼 수 없는 달의 뒷면은 어둡다. 햇빛에 밝게 빛나는 앞면이 달의 전부가 아니다. 청소년이라면 음양의 법칙이라는 어려운 이론을 말하지 않아도 세상에 밝음과 어둠이 나란히 존재한다는 것을 알 것이다. 학교도 그러하다. 힘들 때도 있고 즐거울 때도 있다.

직업 세계도 마찬가지다. 앞서 간호사, 공무원, 택배기사의 생활에서도 우리는 어두운 뒷면을 보았다. 그럼 항공기 승무원은 어떨까? 어쩌면 달을 가장 가까이서 볼 수 있는 직업일지도 모를 승무원은 달빛처럼 아름답기만 한 직업일까? 승무원은 비행기 승객의 안전을 책임지는 직업이다. 안전 교육도 철저히 받고, 날씨와 항로도 파악해서 안전사고에 대비한다. 승객 서비스도 승무원의 중심 업무지만 승객의 안전보다 우선시되지는 않는다. 승객의 안전을 지킨다는 점에서 직업에 자부심을 갖고 있는 승무원도 많다.

그런데 승무원을 서비스 직원 정도로만 여기는 승객이 적지 않다. 그런 승객들 중 일부는 승무원에게 함부로 하고 무리한 요구도 한다. 컵을 던진다든가, 아기와 놀아 달라든가, 거친 언행도 서슴지 않는다. 승무원은 이런 승객들도 일단은 미소로 대해야 한다. 미소 띤 얼굴로 그러면 안 된다고 설명해야 한다. 이렇게 승무원은 힘든 감정 노동이 뒤따르는 일이다.

육체노동 강도도 강하다. 서 있는 시간이 길고 승객의 무거운 짐도 자주 들어서 다리와 허리가 많이 상한다. 고도와 시차가 수시로 바뀌는 환경에 놓여 있으니 몸의 리듬도 깨지고, 여성 승무원의 경우 생리불순도 겪는다. 승객의 호출이 시도 때도 없이 있으니 화장실도 잘 못 가고, 식사를 급하게 해야 할 때가 있다. 난데없이 찾아오는 난기류는 늘 공포를 안기고, 그 공포는 체력을 떨어뜨린다.

어떤 사람들은 승무원이라는 직업을 선망한다. 그러나 해외를 마음껏 다니는 자유, 부러움을 사는 멋진 승무원복 뒤에는 육체와 감정 노동의 고통이 숨어 있다. 승무원의 밝은 '앞면' 뒤에 어두운 '뒷면'이 존재한다. 일이 힘들어 1년도 못 채우고 그만두는 승무원이 적지 않다고 한다. 외국어 공부도 열심히 하면서 고생 끝에 승무원이 되었을 텐데, 왜 그런 선택을 할까? 아마도 승무원 일을 해보지 않은 사람은 상상조차 할 수 없는 힘겨움이 있기 때문일 것이다.

어떤 직업이든 고충은 있다. 더하고 덜할 따름이다. 물론 기쁨도 있으니 지나치게 두려운 마음을 갖지 말자. 달처럼, 왜 밝음과 어두움이 공존하는지 그것을 명료하게 설명하기는 불가능하다. 이 세상과 현실의 모든 일이 그렇다고 말할 수밖에 없다.

사정이 이렇다면 우리는 어떤 마음가짐으로 직업인의 삶을 살아야 할까? 답은 여럿일 수 있겠지만, 이 한 가지를 기억하자.

모든 직업에 어두운 뒷면이 있다는 사실을.

직업인으로
살아간다는 것

누구에게나 위기는 온다

충무공 이순신은 직업적 관점으로 보면 조선의 군인공무원이다. 군인공무원으로서 최선을 다한 이순신은 같은 군인공무원인 원균의 모함을 받아 삼도수군통제사*의 자리에서 쫓겨났다. 인생 최대의 위기를 맞은 것이다. 하지만 이순신은 위기를 당당하게 극복했다. 열세 척의 배로 명량 해전을 승리로 이끌며 자신의 가치를 증명했다.

이순신이 모함에 빠진 원인은 원균과의 공적 다툼이었다. 원균이 잘나가는 동료의 모습에 질투를 느낀 것이다.

● 경상도, 전라도, 충청도 3도의 수군을 지휘하는 총사령관.

실제로 오늘날 직업의 세계에서도 공적 다툼과 그에 따른 부작용이 심심찮게 일어난다. 부하직원의 업무 성과를 자신의 것으로 가로채는 상사, 지역사회 발전상을 서로 자신의 공이라고 우기는 정치인을 우리는 종종 목격한다.

이순신은 당시의 위기를 어떻게 극복했을까? 저마다 다른 답을 내놓을 수 있겠지만, 본분을 지켰다는 것이 가장 중요한 부분이다. 군인의 본분은 국방이다. 뼛속까지 군인인 이순신은 백의종군하면서까지 나라를 위해 싸웠다. 본분을 지키는 사람은 임무를 게을리 하지 않는다. 책임감을 갖고 부지런히 일한다. 책임감과 성실함으로 일하면 실력은 자연스레 쌓이는 법이다. 열세 척의 배로 그 열 배가 넘는 배를 가진 일본 수군을 무찌른 것은 이순신의 실력이었다. 이순신은 용기만으로는 이루기 힘든 업적을 남기며 위기에서 스스로를 구해냈다.

본분을 지켜 위기에서 탈출한 사람이 또 있다. 설리라는 애칭으로 불렸던 파일럿, 체슬리 설렌버거이다. 2009년 뉴욕, 설리는 승객과 승무원 155명을 태우고 이륙했다. 그런데 얼마 못 가 새 떼와 부딪히고 말았다. 그 충격으로 비행기 날개 밑 엔진 두 개가 고장 나 추락할 위기에 놓였다. 공항으로 돌아가기에는 시간이 부족한 상황, 자칫 뉴욕 도심 한가운데 추락한다면 더 많은 생명을 앗아갈 수 있었다. 기장 설리는 허드슨강에 비상 착륙을 하기로 마음먹었다. 승객과 승무원의 안전을 지켜야 한다는 책임감, 할 수 있다는 믿음에서 비롯된 선택이었다.

설리의 선택은 엄청난 위험을 동반했다. 강에 잘못 내려 앉으면 비행기가 뒤집히거나 반으로 쪼개질 수 있었기 때문이다. 비행 실력이 뛰어난 베테랑 파일럿에게도 성공을 보장할 수 없는 모험이었다. 그러나 다른 선택지가 없었다. 긴박하고 아슬아슬한 순간, 설리는 자신을 믿고 결심을 행동에 옮겼다. 다행히 비행기는 무사히 강 위에 안착했고, 승객과 승무원 모두 생명을 구할 수 있었다. 이 기적적인 이야기는 〈설리: 허드슨 강의 기적〉이라는 영화로 만들어지기도 했다.[•]

위기는 누구에게나 닥쳐올 수 있다. 직업인은 업무와 관련된 위기와 늘 마주한다. 이때 위기를 잘 넘기지 못하면 직업을 지키는 것이 위태로워진다. 위기 탈출 노하우는 저마다 다를 수 있다. 그러나 그 직업의 본분을 지키는 것이 기본적인 노하우가 될 수 있다는 점을 기억하자.

[•] theD마스터플랜연구소, 《파일럿 마스터플랜》, 더디퍼런스, 2020

2004년 탄생한 휴보는 한국 최초로 두 발 걷기에 성공한 로봇이다. 세계 최초인 일본의 아시모보다는 4년 늦게 걸었다. 이후 줄기차게 업그레이드 된 휴보는 2015년 '세계 재난구조 로봇 대회(DRC, DARPA Robotics Challenge)'에서 우승했다. 휴보의 우승은 로봇이 인명 구조에 투입되는 세상이 오리라는 기대감을 높였다. 2018 평창동계올림픽에서 휴보는 성화 봉송 주자로 나서기도 했다. 비록 짧은 거리를 걸었을 뿐이지만 세계 최초로 로봇의 성화 봉송을 실현하면서 올림픽 역사를 새로 썼다.

이 굉장한 로봇을 만든 사람은 로봇공학자 오준호다. '휴보 아빠'라 불리는 그는 여전히 휴보 개발에 매달리고 있다. 어느 날 갑자기 휴보가 또 세상을 깜짝 놀라게 할 능력을 보여줄지 모른다. 이렇게 다양한 능력을 펼친 휴보가 늘 성공의 길만 걸어온 것은 아니다. 휴보 아빠 오준호는 언론과의 인터뷰에서 '로봇 만들기는 실패의 반복'이라고 했다. 완벽하게 만들었다고 생각했는데 실패하고, 단점을 보완했는데 또 실패하는 것이 로봇 만들기의 과정이라고 밝혔다. 휴보도 실패를 되풀이하면서 눈부신 성과를 거뒀다.

직업인이라면 누구나 실패를 겪는다. 경찰관은 때로 범인을 못 잡고, 요리사는 새 메뉴를 외면받기도 한다. 회사원은 기획안이나 보고서를 수도 없이 퇴짜 맞는다. 실패에 부딪쳤을 때 누군가는 쓰러지지만, 누군가는 다시 일어선다. 그 차이는 마음가짐에서 오는 것이 아닐까? 로봇공학자 오준호처럼 실패도 과정이라고 여긴다면 실패한 그 자리에서 다시 일어설 수 있다.

일에 빠지면 고뇌에 빠진다

마더 테레사는 스스로를 '하느님의 연필'이라 표현했다. 하느님이 수녀인 자신을 연필 삼아 세상에 아름다운 그림을 그린다고 말했다. 마더 테레사는 실제로 아름다운 그림 같은 삶을 살았다. 평온한 수녀원을 버리고 거리로 나와 평생 봉사를 실천했다.

그녀는 1997년 선종(천주교에서 쓰는 말로, 큰 죄가 없는 상태에서 죽는 일)할 때까지 50년 가까이 빈민과 병자와 미혼모와 고아를 돌보았다. 직업의 관점에서 보면 성직자라는 직업인으로서 빛과 소금처럼 가치 있는 삶을 살았다.

마더 테레사의 본명은 '아그네스'이며, '테레사'는 세례명이다. 세례명 앞에 '마더(mother)'가 붙은 까닭은 그녀가 평생 가난하고 어려운 사람들의 어머니로 살았기 때문이다. 그녀의 헌신적인 삶에 감동한 사람들이 스스럼없이 '마더'라 부른 것이다. 마더 테레사가 세상을 떠난 뒤 편지 40

여 통이 세상에 공개됐다. 가까운 사이였던 마이클 반 데어 피트 신부와 주고받은 편지였다. 그런데 편지에는 놀라운 내용이 담겨 있었다. 하느님이 정말 살아 있는지 고뇌하는 심정이 적혀 있었기 때문이다.

마더 테레사가 신의 부재에 대해 고뇌했던 이유는 가난과 질병으로 고통받는 사람들 때문이었다. 사랑의 하느님이 수많은 사람들과 죄 없는 어린아이들에게까지 고통을 주는 것을 받아들이기가 괴로웠던 것이다. 물론 마더 테레사가 하느님의 존재를 진짜로 부정했던 것은 아니다. 가난한 이들을 위한 성직자의 기도가 신에게 닿기를 바라는 간절함이 고뇌의 형태로 나타났을 것으로 짐작된다.

직업인으로 살다 보면 종류나 정도의 차이만 있을 뿐 고뇌는 찾아오기 마련이다. 어떤 직업에 종사하든 그 나름의 고뇌와 고충은 늘 있다.

예를 들어, 사회복지사는 전문직이 아닌 봉사자로만 보는 사람들의 시선 때문에 불편하다고 한다. 교사는 사랑을 쏟아 가르친 제자가 실패하거나 나쁜 길로 빠질 때, 은행원은 실적 압박에 괴롭다고 한다.

그런데 일을 게을리 하고, 힘든 업무는 요리조리 피해 다니며 요령만 피우는 직업인에게 고뇌가 있을까? 오히려 마더 테레사처럼 열정을 품고 열심히 일하는 사람에게 고뇌가 더 깊이 들러붙는다. 열심히 공부하는 학생이 공부에 무관심한 학생보다 스트레스가 더 많은 것과 비슷한 이치다. 그렇다면 고뇌를 피하기 위해 불성실한 자세로 일할 것인가? 선택은 각자의 몫이다. 다만 고뇌를 달래는 나름의 방법을 찾아야 한다.

청사진과 흑사진

삶에는 웃음과 눈물이 공존한다. 슬픔과 기쁨을 아울러 이르는 '애환(哀歡)'이란 말도 있지 않은가. 직업인의 삶에도 애환이 있다. 위기, 실패, 고뇌 같은 슬픔만 있지는 않다. 간호사는 정성으로 돌보던 환자가 건강하게 퇴원할 때 기쁨을 맛본다. 승무원은 서비스에 미소로 답해 주는 승객에게서, 숨 가쁘게 달려야 하는 택배기사는 물 한잔 건네는 고객 덕분에 기쁨을 느낀다.

직업인으로 살고 싶다면 꽃길만 걸을 수는 없다. 하지만 돌길만 계속 걷는 것도 아니다. 그러므로 청사진만 그리는 것도, 흑사진만 그리는 것도 모두 바람직하지 않다. 슬플 때는 기쁨을 기대하며, 기쁠 때는 그 순간만이라도 슬픔이 끼어들지 못하도록 기쁨을 한껏 누리며 지내는 것이 삶의 지혜이다.

여하튼 슬픔을 이겨내는 것이 쉬운 일은 아니다. 그러나 직업인이라면 고통과 슬픔에 젖어 있을 수만은 없다. 휴식, 교제, 운동, 여행, 독서 등 자신에게 맞는 방법으로 고통과 슬픔에서 벗어나야 한다. 슬픔에 빠져 지낸다면 출근길부터가 지옥이다. 고통 속에서 산다면 상사 얼굴만 봐도 몸이 아플 것이다. 이런 지옥에 사는 직업인에게서 좋은 업무 성과가 나오기는 어렵다.

슬픔을 이기는 방법을 찾기 위해 응급구조사의 직업 세계를 참고해보자. 응급구조사는 응급환자를 구조하는 일, 병원에 옮기는 일, 상담으로 마음을 가라앉히는 일 등을 한다. 응급 현장에서는 워낙 다양한 상황이 발생하기 때문에 정해진 구조법을 잘 익히는 것도 중요하지만, 그에 못지않게 임기응변도 중요하다.

예를 들어, 골절 환자에게는 부목을 대는 것이 상식이다. 그런데 부목이 없으면 신문지, 플라스틱 자, 잡지 등 현장에서 구할 수 있는 것으로 대신해야 한다. 상식에서 벗어난 예외적인 대처법이 필요한 것이다. 부정적인 감정이 들 때는 이와 같이 독특한 방법을 생각해보자. 가벼운 일탈도 괜찮다. 남에게 피해를 주거나 지나치게 몰상식한 행위가 아니라면 색다른 시도가 직업인에게 환기가 되어 준다.

그들은 어떻게 그 일을 하게 되었을까?

자신이 하는 일에서 별처럼 빛나는 사람들이 있다. 그들은 본디 유명인도, 귀인도 아니다. 직업 세계를 벗어나면 지극히 평범한 동네 주민일 뿐이다. 그들은 평범하지만 직업인으로서는 아주 특별하다. 어떻게 특별한 존재가 되었는지 살짝 들여다보자.

■ 보이스피싱을 막은 은행원

어느 날, 한 고객이 현금 1,500만 원을 인출하려 했다. 은행원 A씨는 한 번에 큰돈을 찾는 이유를 조심스레 물었다. 고객은 금융업체 직원을 만나서 빌린 돈을 현금으로 갚는다고 답했다. A씨는 보이스피싱을 직감했다. 금융업체 직원을 직접 만나서 돈을 갚는 것이 흔한 일은 아니었기 때문이다.

A씨는 망설임 없이 핫라인 전화로 경찰에 신고했다. 경찰서와 은행의 협의로 구축해둔 핫라인 전화를 사용한 것이다. 신속하게 출동한 경찰은 고객에게서 자초지종을 들었다. A씨의 직감대로 고객은 보이스피싱의 그물망에 걸린 상태였다. 은행원의 예리한 촉과 신고 정신이 고객의 피해와 보이스피싱 범죄를 막았다. A씨는 공로를 인정받아 경찰청으로부터 감사장을 받았다.

은행원 A씨가 보이스피싱을 직감하지 못했다면 고객은 꼼짝없이 범죄 피해를 입을 뻔했다. 그런데 보이스피싱을 직감하지 못했다고 A씨를 탓할 수 있을까? 직감은 은행 직원의 의무가 아니다. 촉이 둔해 범죄의 냄새를 맡지 못했다고 해서 은행 직원을 탓할 수는 없는 일이다.

한편 A씨가 천부적으로 직감 능력을 타고난 사람인지는 알 수 없다. 다만 자신의 분야에서 성실하게 일하면 업무와 관련한 촉은 개발될 여지가 있다. 금융업체 직원을 직접 만나 돈을 갚는 행위에서 이상한 낌새를 느낄 능력이 생길 수 있다는 말이다. 그 능력은 업무에 '플러스 알파'가 된다.

만약 A씨가 보이스피싱을 직감하고도 신고하지 않았다면? 그 행위에 대해 책임을 물을 수 있을까? 비겁한 행동이라고 손가락질할 수는 있겠지만 법적 책임을 묻기는 곤란하다. 은행원 입장에서는 보이스피싱 조직의 보복이 두렵거나, 남의 일에 휘말리고 싶지 않아서 신고를 안 할 수도 있다. 이런 마음은 바람직하지는 않지만 그 상황에서 누구나 먹을 수 있는 마음이다. 자신의 피해를 감수하면서까지 남을 돕는 일은 사실 큰 용기가 필요하다. A씨는 용기 있는 행동을 한 것이다. 그 용기는 박수 받아 마땅하다.

■ 신선한 달걀을 식탁에 올린 공무원

닭이 알을 낳은 날짜를 적는 제도인 '산란일자 표시제'는 한 공무원의 진심 어린 노력에서 태어났다. 과거 달걀의 유통기한은 달걀을 달걀판에 포장하는 날짜를 기준으로 정해졌다. 그래서 생산업자가 나쁜 마음을 먹을 경우, 소비자는 신선도가 떨어진 달걀을 먹을 위험이 있었다. 이에 담당 공무원은 그 위험을 없애기 위해 산란일자 표시제 도입을 기획했다.

소비자는 이 제도를 반겼지만 생산업자는 달걀 재고가 늘어난다는 이유로 반대했다. 달걀 생산이 많을 경우 생산업자는 달걀을 보관해 두었다가 팔아야 하는데, 산란일자를 표시하면 오래된 달걀은 팔기 어렵다는 것이 반대 이유였다. 그 마음을 헤아린 공무원은 생산업자들과 수십 번 만

남을 가졌다. 산란일자 표시제가 소비자의 신뢰를 얻어 결국 달걀 판매에 도움이 될 것이라고 설득했다. 그의 진심 어린 노력과 설득에 결국 생산업자들은 마음을 열었다.●

이는 식품의약품안전처 공무원의 이야기다. 산란일자 표시제의 탄생에 애쓴 공무원은 이 성과로 '대한민국 공무원상'을 받았다. '대한민국 공무원상'은 우수한 성과를 내고, 행정 및 국민 편익 개선에 이바지한 공무원에게 정부가 주는 상이다.

우리가 눈여겨볼 점은 이 공무원의 줄기찬 노력이다. 생산업자들의 마음을 열기 위해 수십 번의 만남을 가지지 않았다면, 거듭되는 만남에 지쳐 중도에 포기했다면, 우리는 여전히 신선도가 의심스러운 달걀을 먹고 있을지도 모른다. 노력의 결과가 항상 해피엔딩은 아니다. 그러나 잃는 것보다 얻는 것이 많은 것만은 틀림없다.

■ 선배 교사를 꿈꾸는 장애인 교사

우리나라는 공공기관에서 고용하는 총 인원 중 3.4퍼센트를 장애인으로 둘 것을 법으로 정하고 있다. 이 '3.4퍼센

● theD마스터플랜연구소 《공무원 마스터플랜》, 더디퍼런스, 2022

트'를 장애인 의무고용률이라고 한다. 교사의 경우도 이 장애인 의무고용률을 지켜야 한다. 그런데 2021년 서동용 국회의원이 공개한 자료에 따르면 2019년 기준 장애인 교사는 4,485명에 불과했다. 이는 장애인 의무고용률에 한참 못 미치는 수치다.[*] 더불어 최근 3년에 걸쳐 고용률이 2.16퍼센트를 넘긴 적이 없다.

우리나라에서 장애인이 교사가 되기는 현실적으로 어렵다고 한다. 우선 교육대학과 사범대학 입학부터가 난관이다. 장애인 특별전형이 없는 교육대학과 사범대학이 60퍼센트에 달하며,[**] 특별전형이 있는 학교에서도 정원 아래로만 모집한다. 게다가 중증장애인은 면접에서 경증장애인보다 낮은 점수를 받는 경향도 있다. 학교 현장에서는 장애인 교사를 차별한다. 장애를 이유로 담임 배정이나 주요 업무에서 배제되기도 한다. 이런 차별 아래서는 경력을 쌓을 기회를 얻지 못하므로 교감이나 교장으로 승진하는 것은 어림도 없다.

빈약한 물리적 환경도 의욕을 잃게 만든다. 장애인 교사

<hr>

[*] 이하늬 기자, "우리는 장애인 교사를 본 적이 없다", <경향신문>, 2021. 5. 9
[**] 이슬기 기자, "장애인 교사되기 산 넘어 산", <인터넷 장애인 신문 에이블뉴스>, 2021. 11. 18

에게는 활동에 필요한 보조기구, 수업과 행정 업무를 돕는 업무지원인이 필요인데, 모두 부족한 실정이다. 엘리베이터가 없는 학교도 아직 많다. 현실이 이렇다 보니, 교육대학과 사범대학에 도전하는 장애인부터 그 수가 적다. 교생실습에서 장애인에게 불리한 교육 환경을 체험하고 일찌감치 꿈을 포기하는 사람, 교단에 올랐어도 편견과 차별에 막혀 결국 내려서는 사람도 적지 않다.

이 어려운 환경 속에서 장애인 교사 B씨는 꿋꿋하게 교직의 길을 걷고 있다. B씨는 청각장애 2급으로 문자 통역 업무지원인의 도움을 받아 일한다. 그러나 제자들과 소통하는 데 별 문제가 없다. 소통하려는 B씨의 노력 덕분이기도 하지만 아이들이 열린 마음으로 장애인 선생님을 대하기 때문이다. 닫힌 마음으로 장애인 교사를 바라보는 건 어른들이다.

어린 제자들과 행복하게 보내고 있는 B씨의 꿈은 '선배 장애인 교사'가 되는 것이다. B씨는 교직 생활을 하면서 배우고 의지할 수 있는 선배 교사가 있으면 좋겠다는 생각을 많이 했다고 한다. 하지만 한 번도 선배 교사를 만난 적이 없었다. 장애인 교사의 수가 워낙 적기 때문이다. 후배에게 본보기가 되는 선배가 되는 꿈. 그 꿈이 있는 한 B씨는 지금처럼 모범적인 선생님으로 살아갈 것이다. 꿈이 있는 직업인은 불성실하거나 비뚤어진 행동을 하지 않는다. 그 행동이 소중한 꿈을 깨트릴 수 있으므로.

■ 기본을 지키는 점포 컨설턴트

K씨는 국내 굴지의 침구류 업체에서 점포 컨설턴트로 일한다. 그의 업무는 점포 활성화이다. 본사의 이름을 걸고 장사하는 전국 대리점들이 매출을 올릴 수 있도록 돕는 것이 주요 업무다. 대리점을 찾아가 점주를 격려하고, 매장의 미흡한 점을 찾아내 개선 방향을 제안하기도 한다. 필요하면 몸을 쓰는 일도 마다하지 않는다. 소매를 걷어붙이고 디스플레이를 다시 하거나 빗자루도 집어든다.

K씨에게는 한 가지 확신이 있다. 장사에서 기본만 지키면 성공 확률이 90퍼센트는 된다는 확신이다. 장사의 기본이란 거창한 것이 아니다. 말 그대로 인사, 청소, 친절, 판촉 활동, 디스플레이 같은 기본이다. 판촉 활동과 디스플레이는 전문가의 영역에 가까우므로 K씨의 손길과 눈썰미가 큰 영향을 미친다. 반면 인사, 청소, 친절은 굳이 K씨가 참견하지 않아도 점주가 스스로, 충분히 할 수 있는 영역이다. 그런데 점주들은 이것을 잘하지 못한다. 매출이 떨어져서 의욕을 잃은 것이 핵심 원인이다. 처음에는 잘하던 사람들이 장사가 안 되면 점차 장사의 기본을 잊는다.

K씨의 임무는 활성도가 떨어진 점포를 활성화시키는 것이다. 그는 임무 수행을 위해 점주들에게 기본을 강조한다. 웃으면서 인사하고, 부지런히 매장을 쓸고 닦으라고 한다. 말로만 그치는 게 아니라 본인이 직접 보여준다. K씨는 여기에 한 가지 일을 더한다. 점주의 하소연을 정성으로 귀담아 듣고 진심으로 위로하는 일이다. 이 일은 점포 컨설턴트의 기본이기 때문이다. 직업인에게 기본을 지키는 것은 중요하다. 직업인으로 살아갈 마음이 있다면 K씨의 사례를 깊이 새겨두자. 모든 일의 기본에는 그것을 지킬 만한 충분한 가치가 있다.

4장

직업의 미래와
청소년의 미래

세상의 변화,
직업의 변화

4차 산업혁명 시대의 풍경

지금은 4차 산업혁명 시대다. 아직 절정에 이르지는 못했지만 이미 막은 올랐다. 다음은 보통 사람 철수 씨 부부가 사는 모습을 가상으로 꾸민 이야기이다. 지금은 다소 생소하지만 머지않아 많은 사람의 일상이 될 것이다. 철수 씨 부부 이야기에 등장하는 기술들은 현재 상당 부분 실현되었다.

자, 철수 씨 부부의 미래 모습을 재미있게 읽어보자.

병원에서 암 치료를 받던 영희 씨는 오늘 퇴원한다. 약물을 싣고 몸속을 누비며 암세포만 골라 공격하는 나노로봇이 완벽하게 치료를 해냈다. 영희 씨를 치료한 나노로봇은 크기가 겨우 100 나노미터(㎚: 10억분의 1m)이다.

영희 씨의 남편 철수 씨는 아내의 퇴원 수속을 밟으려고 회사에서 조퇴를 했다. 자율주행자동차에게 병원까지 운전을 맡긴 뒤 스마트폰으로 회사 일을 했다. 업무 중 드론 택배가 케이크를 집 앞에 무사히 가져다놓았다는 택배 알림이 왔다. 아내의 퇴원을 축하하기 위해 3D프린터로 만든 케이크이다.

병원 주차장에는 주차로봇이 일하고 있었다. 철수 씨가 주차장 입구에서 내리자 넓은 판자 모양의 주차로봇이 다가와 차를 싣고 주차 구역으로 이동했다. 철수 씨는 그 광경을 보며 씩 웃고는 병원으로 여유롭게 발걸음을 옮겼다.

병원 안으로 들어선 철수 씨는 엘리베이터로 가려다가 계단으로 향했다. 아내의 병실은 5층, 운동 삼아 뛰어 올라가기로 한 것이다. 철수 씨는 단숨에 5층에 이르렀다. 하지만 평소 운동이 부족한 터라 몹시 숨이 찼다. 복도에서 잠시 숨을 고르고 있는데, 어린이 키만 한 방역로봇이 스르르 다가왔다. 방역로봇은 곧바로 체온 감지 센서를 작동시키더니 철수 씨에게 "병실 입실 금지. 3분 후 체온 재측정합니다."라는 멘트를 날렸다. 철수 씨는 멋쩍게 웃으며 머리를 긁적였다. 빠르게 계단을 오른 탓에 체온이 올라간 것이다.

3분 뒤 철수 씨는 체온이 내려가 병실에 들어갈 수 있었다. 철수 씨는 병실에 들어서자마자 아내에게 외쳤다.

"오영희, 사랑해!"

그런데 아내의 반응은 뜻밖이었다.

"나 얼른 집에 가서 김치 먹고 싶어."

백만 년 만에 던진 사랑 고백에 김치가 먹고 싶다니! 철수 씨는 맥이 풀려 다시 한 번 멋쩍게 웃었다.

"김치 아직 안 쉬었겠지? 병원 김치는 정말 최악이었어."

계속되는 아내의 김치 타령에 철수 씨는 웃음기를 거두고 스마트폰을 꺼내 집에 있는 김치냉장고의 '생생 보관' 모드를 작동시켰다. 마침 집 안을 치우지 않은 것도 생각나 로봇청소기에도 청소 명령을 내렸다.

4차 산업혁명을 대표하는 기술은 보통 6가지로 모아진다. 나노, 무인운송, 3D프린팅, 로봇, 인공지능, 사물인터넷이다. 영희 씨의 암을 치료한 나노로봇은 나노 기술, 드론과 자율주행자동차는 무인운송 기술의 결정체이다. 케이크를 만들어 낸 3D 프린팅 기술은 건축물을 지을 만큼 발전했다. 그런데 이 6가지 기술은 서로 어우러진다.

우선 나노로봇은 나노 기술과 로봇 기술의 합작품이다.

주차로봇과 방역로봇은 로봇 기술에 인공지능을 더한 것이다. 주차로봇이 스스로 주차할 자리를 찾아가고, 방역로봇이 체온을 감지해 지시를 내리는 것은 인공지능으로 가능하다. 철수 씨가 스마트폰으로 김치냉장고와 로봇청소기에 작동 명령을 내릴 수 있는 것은 사물인터넷 기술 덕분인데, 오늘날 김치냉장고와 로봇청소기에도 인공지능이 적용되고 있다. 한편 드론과 자율주행자동차의 바탕에는 로봇 기술이 깔려 있다. 이들 역시 인공지능이 더해지며 나날이 업그레이드되고 있다.

4차 산업혁명 시대는 기술이 변화한 시대다. 이 6가지 기술은 기계화 및 자동화 기술보다 한참 앞선 첨단기술이며, 지능화 기술이다. 철수 씨를 가로막은 방역로봇처럼, 지능화 기술로 만든 로봇은 스스로 학습하며 '지능적'으로 움직인다.

기술이 변하면 직업도 변한다

4차 산업혁명 시대가 무르익으면 지능화 기술은 더욱 다채롭게 변할 게 틀림없다. 기술이 변하면 직업의 세계도 변하기 마련이다. 영희 씨가 입원했던 병원의 주차로봇을 생각해보자. 많은 차량이 들락날락하는 복잡한 주차장에서는 주차 안내원을 두기도 한다. 그런데 스스로 주차 자리를 찾아가는 주차로봇이 있으면 굳이 안내원이 필요 없다. 안내원은 로봇으로 인해 일자리를 잃게 되는 것이다. 반면 주차로봇을 만들거나 수리하는 직업은 어떨까? 주차로봇이 상용화되면 관련 직업인이 늘어나며 직업도 자리를 잡을 것이다.

주차 안내원은 단순 노무직에 속한다. 주차로봇 제작자나 수리기사는 고급 기술직이다. 기술이 발전하면 대체로 단순·반복 노동을 하는 일자리는 사라지고, 기술을 쓰는 일자리는 늘어난다. 또한 고급 기술의 가치가 뛰므로 기술자는 높은 임금을 받는다. 즉 기술 발전이 양극화를 부채질한다. 물론 단순 노무직이 모두 사라지는 것은 아니다. 직무만 달라질 수도 있다. 주차 안내원의 경우 주차로봇을 관리하는 새 업무를 맡을 수 있다는 뜻이다. 이 업무마저 '관리 로봇'이 한다 해도 비슷한 상황이 벌어진다. 주차 안내원에게 관리 로봇을 관리하는 일이 맡겨지는 것이다.

이는 기술 변화가 가져오는 직업 변화의 양상이다. 극단적으로 말하면 기술을 쓰는 직업은 흥하고 기술을 쓰지 않는 직업은 망한다. 얼핏 비극으로 보이지만 장기적으로 보면 그렇게 볼 일만은 아니다. 기술 변화 혹은 발전은 끝내는 해피엔딩을 이끌어낼 가능성이 높다. 증기기관으로 대표되는 1차 산업혁명이 좋은 본보기다. 증기기관은 자동차

발명의 기폭제였다. 자동차의 출현으로 마차를 모는 마부들은 직업을 잃었지만, 정비, 정유, 보험 등 관련 직업을 여럿 만들어내며 삶을 풍요롭게 했다.

무엇이 직업을 변화시키는가

우리나라에서 법적으로 생수 판매가 허용된 해는 1994년이다. 1980년대만 해도 물을 사 먹는다는 건 상상 속에서나 있는 일이었는데, 상상이 현실이 되었다. 상상을 현실로 만든 주인공은 환경오염이다. 환경오염이 생수업자라는 직업을 만들어 냈다.

2010년대는 한마디로 모바일 시대였다. 모바일 기기인 스마트폰은 전화기에서 벗어나 책, 만화, 영화, 방송, 게임 같은 문화콘텐츠를 접하는 플랫폼으로 확장되었다. 회사원에게는 사무기기가, 주부에게는 쇼핑 도구가 되었다. 스마트폰으로 실행하는 각종 앱은 일상 업무와 생활 편의를 해결해주었다. 여러모로 편리한 스마트폰은 없어서는 안 될 생활 필수품으로 자리 잡았고, 나아가 '삶의 동반자'가 되었다. 이와 같이 스마트폰과 더불어 사는 문화가 정착하자 앱 개발자라는 직업이 조명을 받았다. 웹툰 작가나 웹소설 작가는 한층 인기 있는 직업으로 발돋움했다.

문재인 전 대통령은 임기 중 탈원전 정책을 꾸준히 추진

했다. '탈원전 정책'이란 원자력 발전소가 생산하는 전력을 신재생에너지로 대체하는 정책이다. 2083년까지 오래된 원전부터 단계적으로 폐기하거나 가동을 멈추고 신재생에너지 개발에 박차를 가하는 것이 세부 계획이다. 다음 정부, 그다음 정부로 정책이 계속 이어진다면 신재생에너지 관련 직종의 고용이 증가할 것이다. 원자력 발전 관련 종사자들의 직무가 신재생에너지 관련 직무로 바뀌는 상황도 예상 가능하다. 안타깝지만 원자력 발전소에서 단순 관리 업무를 하던 종사자들은 일자리를 잃을 수도 있다.

지금까지 환경, 문화, 정책으로 직업을 변화되는 모습을 간략히 알아보았다. 직업을 변화시키는 요인은 그 밖에도 무척 다양하다. 한국고용정보원에서는 2021년에 발간한 보고서 〈한국직업전망〉에서 8가지 직업 변화 요인을 제시했다. 이해하기 알맞게 다듬은 내용은 다음과 같다.

8가지 직업 변화 요인

변화 요인	내용
기술	4차 산업혁명에 따른 과학기술 발전 등
환경	환경오염, 기후변화, 자연재해로 인한 피해, 에너지 고갈로 인한 국가 간 경쟁 및 규제 등
정부 정책	신직업 육성, 복지 서비스 강화, 자격 제도 신설 등

생활 양식	건강, 미용, 여가 등에 관심 증가, 온라인 소통 증가, 개인화 등
산업 구조	산업의 고도화, 산업들의 융합 등
인구 구조	저출산, 고령화, 1인 가구 증가, 생산가능 인구 감소, 여성 경제 활동 증가, 외국인 근로자 증가 등
글로벌 환경	세계화, 국내외 경제 상황 등
기업 경영 전략	생산 시설 해외 이전 또는 국내 복귀, 특정 분야나 직무의 외주, 기업 인수·합병 등

출처: 〈한국직업전망〉, 한국고용정보원, 2021

생활 양식은 넓은 의미로 문화에 포함된다. 위에서 스마트폰을 예로 들었다. 산업구조는 전통적인 직업 변화 요인이다. 1차 산업에서 2차, 3차로 발달한 산업은 빅데이터, 인공지능, 디지털 자동화 등의 4차 산업으로 고도화되었다. 산업의 고도화로 주차로봇이 상용화되면 주차 안내원의 일자리에 변화가 생길 수 있음을 앞서 알아보았다. 각 산업들의 융합은 이제 더 이상 낯선 풍경이 아니다. 스마트폰으로 웹툰을 편하게 즐길 수 있는 것도 만화 산업과 정보통신 산업의 융합 덕분이다.

시야를 넓히면 이 8가지 외에 더 많은 요인을 찾아낼 수 있다. 갈수록 복잡해지고 다변하는 세상이므로 8가지 요인으로 직업 세계의 변화를 온전히 설명하기는 불가능하다. 8가지 요인에 없는 직업 가치관도 직업에 변화를 일으킨다. 가령 경제가 어려워지면 많은 사람들이 '직업안정'을 직업 가치관으로 추구한다. 그 반사작용으로 안정적인 직업인 교사, 약사, 공무원 등의 인기가 높아진다.

코로나와 같은 감염병은 어떨까? 코로나의 경우 환경오염으로 인한 생태계 파괴가 하나의 원인으로 떠올랐다. 따라서 깊이 들여다보면 '환경'의 범주에 들어간다. 여하튼 감염병은 직업 세계에 적지 않은 영향을 미친다. 코로나 시기에 마스크 제조업자, 방역업자, 진단키트 제조업자는 상한가를 달렸다. 배달업도 폭발적으로 성장했다. 반대로 술집, 카페, 식당, 목욕탕 종사자들은 된서리를 맞았다. 코로나 이후, 또 어떤 감염병이 세상을 덮칠지 모른다. 그때도 직업 세계는 변화가 일어날 것이다.

시간이 흐르면 세상은 변하고, 세상이 변하면 직업이 변한다. 어떤 직업은 쇠퇴하거나 사라진다. 특정 직업으로 지원자가 몰리기도 한다. 직업인의 직무가 달라지는 경우도 있다. 그리고 새로운 직업이 생겨나기도 한다. 이러한 변화의 모양새는 예나 지금이나 비슷하다. 미래 사회에도 크게 다르지 않을 것이다.

미래에는
미래의 직업인으로

조선시대 사회와 현대 사회는 많이 다르다. 다가올 미래 사회는 지금과 또 많이 다를 것이다. 그렇다면 변화할 미래 사회를 표현할 수 있는 핵심 키워드는 무엇일까?

먼저 '세계화'를 꼽을 수 있다. 지구촌이란 말이 더 이상 새롭지 않을 만큼 세계 각국은 활발하게 교류하고 있다. 상품, 기술, 인력, 서비스, 문화콘텐츠 등 많은 것이 국경을 자유롭게 넘나든다. 미래 사회에서 세계화는 거스를 수 없는 물결이다. 국경에 빗장을 건 나라는 경쟁력을 갖기 어렵다. 나아가 기술의 발전은 세계화에 더욱 불을 지필 것이다. 외국에서 나온 소설책을 서울에서 온라인으로 주문하면 그 나라에서 드론 택배로 배송하는 날이 곧 올지도 모른다.

다음은 '지능정보화'다. 지능정보화는 4차 산업혁명과 관련이 깊다. 앞선 3차 산업혁명 시대는 컴퓨터와 인터넷을 바탕으로 정보통신의 수준을 높인 '지식정보화'● 시대였다. 지식정보화 시대를 넘어선 지능정보화 시대는 정보 활용 기술과 인공지능 기술을 버무려 만든 기계가 사람처럼 학습하고 움직이는 시대다. 철수 씨 부부의 일상은 지능정보화 시대의 풍경이다. 곧 많은 사람들이 그 풍경의 한 조각을 이룰 것이다.

'환경'과 '고령화'도 주목해야 할 키워드다. 환경오염은 전 세계에 닥친 시급한 문제이다. 기후변화로 인한 자연재해, 에너지 고갈, 환경 파괴로 빈도가 높아진 감염병 발생 등에서 세계 어떤 나라도 자유롭지 못하다. 고령화 역시 우리나라를 비롯해 다른 선진국도 피해 가지 못하는 문제다. 고령화는 출산율 저하와 맞물려 인구 구조를 변화시키면서 젊은 층의 사회적 부담을 늘린다.

'문화'도 미래 사회의 키워드에서 빼놓을 수 없다. 문화는 인간의 삶을 한층 풍성하게 만드는 요소다. 밥만 먹고 일만 하고 사는 삶은 까마득한 옛날이야기다. 영화도 보고,

● 지식과 정보를 산업 자원으로 활용할 수 있도록 가공해서 가치를 높이다.

음악도 듣고, 여행도 즐기는 삶을 누구나 원한다. 시간적, 경제적 여유만 된다면 더 많은, 더 새로운 문화콘텐츠를 소비하고 싶어한다. 로봇, 인공지능처럼 미래 사회의 기술은 사람의 노동 시간을 줄여서 시간적 여유를 선사한다. 문화를 누릴 수 있는 기회가 늘어나는 것이다.

미래 사회 키워드와 미래 유망 직업

미래 사회 키워드에 초점을 맞춰 미래 유망 직업을 예측해보자. 먼저 세계화로 묶이는 직업이다. 쉽게 떠올릴 수 있는 직업은 통역사, 여행 가이드, 해외 마케터 따위이다. 국제물류 및 유통 관련 직업도 전망이 밝다. 외국 변호사란 직업도 주목받을 것으로 예상된다. 교류가 활발해지다 보면 분쟁도 일어나는 법이다. 국제 거래나 해외사업을 할 때 계약 해석, 수익 배분, 사고 책임 등에 대해 법적 다툼이 일어날 수 있는데, 이때 외국 변호사에게 도움을 받을 수 있다.

지능정보화는 4차 산업혁명과 관계가 밀접하다. 따라서 2장에서 소개한 빅데이터 전문가부터 나노공학 기술자, 인공지능 전문가, 사물인터넷 개발자, 3D프린팅운영기사, 드론개발자, 로봇공학자까지 4차 산업혁명의 핵심 기술을 사용하는 직업이 각광받을 것이다.

미래 사회 세 번째 키워드인 환경 분야에서는 신재생에

너지와 기후변화 관련 직업을 꼽을 수 있다. 범위를 넓히면, 흔히 바이오산업이라 부르는 생명공학산업에 속한 직업도 성장할 것으로 보인다. 생물의 기능을 활용하는 바이오산업은 의료, 농업, 환경, 기계 등 그 분야가 다양하다. 미생물을 이용해 만든 분해되는 플라스틱이나 독성 없는 농약 등이 환경 분야에 속한다.

고령화는 인구 구조 변화의 주역이다. 이와 관련해서는 실버산업 연관 직업이 가장 뜰 것으로 보인다. 실버산업이란 노인 대상의 상품이나 서비스를 제공하는 산업, 노인을 위한 의료 및 복지 시설을 세우는 산업을 의미한다. 노인층이 두터워지면서 돌봄서비스와 의료서비스를 제공할 사회복지사, 요양보호사, 의사, 한의사, 간호사 같은 직업이 안정을 얻을 것이다. 다만 의사의 경우 산부인과 의사는 고전할 것으로 전망된다. 고령화의 주원인인 출산율 저하가 산부인과 의사의 일자리를 흔들 수 있기 때문이다.

해외 시청자들까지 사로잡은 드라마 〈오징어 게임〉의 사례에서 알 수 있듯이 문화콘텐츠 시장은 말 그대로 '글로벌'해졌다. 따라서 문화 키워드 분야에서는 콘텐츠 창작이나 판매 직업이 더욱 인기를 끌 전망이다. 또한 문화콘텐츠 교류는 세계화와 맞닿기에 해외 마케팅 관련 직업도 나란히 발전할 것이다.

미래 사회 유망 직업과 직무

키워드	직업명	직무
세계화	국제회의 기획자	정부 관련 회의, 학술회의, 산업박람회, 전시회 등 국제적 이벤트를 기획하고 진행한다. 홍보 및 관리 업무도 맡는다.
	국제투자 사무관리자	국가 간 투자 업무, 국제외환시장에서의 은행 간 거래 및 외화자금관리 업무, 해외점포 경영지원 업무 등을 담당한다.
	국제개발 협력 기획자	빈곤, 불평등, 인권, 교육, 아동, 여성, 성평등, 보건, 환경, 경제, 인도적 지원 등 여러 분야의 국제개발협력사업을 기획하고 추진한다.
지능 정보화	사물인터넷 개발자	사물끼리 인터넷을 통해 실시간으로 데이터를 주고받는 기술과 환경을 개발한다.
	가상현실 전문가	컴퓨터 프로그램을 통해 가상세계를 만든다. 놀이공원의 VR(가상현실) 체험 기구도 가상현실 전문가의 작품이다.
	증강현실 전문가	현실 영상에 가상 영상을 겹쳐 하나의 영상으로 보여주는 증강현실 기술로 각종 편의를 제공한다. 스마트폰 길찾기 앱을 예로 들 수 있다.
	스마트팜 컨설턴트	인공지능과 사물인터넷을 활용해 축산 농가 시설을 스마트하게 만들어 수익을 높일 수 있도록 돕는다.
환경	기후변화 연구원	기후변화의 원인을 분석하고 기후변화에 따른 적응 대책, 온실가스 저감 대책 등을 연구한다.

환경	온실가스 관리 컨설턴트	정부 기관, 기업 등을 상대로 온실가스 배출량을 파악하고 보고한다. 온실가스 관리 및 감축 활동도 한다.
	신재생 에너지 사업자	태양광, 태양열, 바이오, 풍력, 수소에너지 같은 신재생에너지를 이용한 발전소를 개발 및 운영한다. 이 발전소를 통해 생산한 전기를 한국전력거래소나 한국전력공사에 판매한다.
	해양바이오 에너지 연구원	해조류와 해양생물을 정제 및 발효해서 에너지로 만드는 기술을 연구한다.
고령화	실버 컴퓨터 강사	컴퓨터 기초, 운영체제의 이해, 문서작성 요령, 정보검색 요령, 인터넷 및 이메일 사용법 등을 고령자의 눈높이에 맞게 가르친다.
	실버로봇 서비스 기획자	노인에게 각종 서비스를 제공하는 실버로봇에게 필요한 콘텐츠를 개발한다. 실버로봇의 사용법, 디자인, 화면, 글자 등이 노인에게 적합하도록 설계한다.
	원예치료사	정신적, 육체적 재활이 필요한 노인, 장애인, 일반인 등에게 식물을 이용한 원예 활동 및 치료 프로그램을 제공한다.
문화	웹툰번역가	국내외 다양한 웹툰을 장르의 특성을 살려 해당 국가의 문화에 맞게 번역한다.
	디지털 음원기획자	음원제작사로부터 새 음원의 참여 아티스트, 제작일정, 콘셉트 같은 정보를 받아 유통 및 마케팅 기획안을 만든다. 음원 배포, 뮤직비디오, 이벤트, 홍보, 공연, 방송출연 등 각종 프로모션 방법과 일정을 계획한다.
	문화상품 기획자	공연예술단체의 경영 및 마케팅 활성화를 추진한다. 지역의 문화 경쟁력 강화를 위한 문화예술 프로그램 및 교육 프로그램을 개발한다.

인터넷으로 세상이 참 많이 달라졌다. 인터넷 덕분에 공공기관 민원서류를 집에서 발급받고, 다른 사람과 사진이나 동영상을 자유롭게 주고받는다. 코로나 시기에는 학교 수업과 회사 업무도 온라인에서 해결했다. 이렇게 인터넷 의존도가 높다 보니, 인터넷에 많은 흔적이 남고 만다. 이름, 전화번호, 주민등록번호, 학교 같은 신상정보부터 헛소문, 헤어진 연인과의 사진, 욕설과 비난의 글까지……

흔적을 지우고 싶지만 드넓은 인터넷의 바다에서 일일이 찾아내기는 쉽지 않다. 그 어려운 일을 대신 해주는 직업이 있다. 바로 디지털장의사다. 한국고용정보원이 2013년부터 2016년까지 연구를 통해 발굴한 '신직업'에 이름을 올린 디지털장의사는 의뢰인이 요청하면 인터넷에 떠도는 기록과 자료를 삭제하는 일을 한다.

발전의 이면에는 늘 그늘이 있다. 과학기술의 발전이 전쟁 병기를 만들어냈듯이 정보통신기술의 발전은 손쉽게 개인정보를 훔치고 남을 비방할 수 있는 수단을 제공했다. 디지털장의사는 그 어두운 그늘 속에서 태어난 직업이다. 그늘 속에는 소외도 자리한다. 예를 들어, 최신 스마트폰을 살 돈이 없는 사람은 여러 가지로 불편을 겪을지도 모른다. 또한 디지털 기기 조작에 미숙하거나 두려움을 느끼는 사람은 키오스크로 주문을 받는 식당에 가면 난처해진다. 한마디로 발전의 속도를 따라가지 못하는 사람은 소외될 수밖에 없는 것이다.

미래에는 첨단기술 관련 직업만 전망이 밝은 것은 아니다. 첨단기술의 그늘에서 뒤처지는 사람을 위한 직업도 함께 조명받을 것으로 전망된다. 또한 개별적 욕구를 맞춤형으로 충족시키는 직업도 사랑받을 듯하다. '개인화'라는 생활 양식이 미래에도 끄떡없을 것 같기 때문이다. 사람의 마음속에는 집단과 같아지고 싶은 마음과 달라지고 싶은 마음이 나란히 산다. 또한 스마트폰으로 메시지를 보내다가 문득 손편지를 쓰고 싶기도 하고, 미끈한 신형 차만 즐기다가 투박한 구형 차를 그리워하기도 한다.

일련의 상황을 미루어 짐작할 때 안전, 복지, 건강, 삶의 질 등과 관계된 직업도 밝은 미래가 예상된다. 그 직업을 몇 가지만 소개한다. 이 직업들 역시 한국고용정보원에서 발굴한 신직업으로, 보고서 〈4차 산업혁명 시대의 신직업: 2017 신직업 연구〉에 수록되어 있다.

· 영적돌봄전문가(Hospice Chaplain)

중병으로 죽음을 준비하는 환자를 호스피스 환자라고 한다. 영적돌봄전문가는 호스피스 환자와 그 가족을 대상으로 적절한 상담을 하고 정신적으로 건강할 수 있도록 돕는다.

· 치매코디네이터(치매케어매니저)

요양병원, 요양원 같은 치매관리 기관에서 치매환자의 진료와 요양이 잘 이루어지는지 평가하고 사례 관리를 한다. 평가한 정보를 치매 환자 가족과 지역에 제공하며, 치매요양보호사 등 관련 인력을 교육한다.

· 메디컬라이터(Medical Writer)

시장조사, 전문가 인터뷰, 출판물과 논문 분석 등을 통해 의약학 정보를 수집한 뒤 의뢰인의 눈높이에 맞게 정리하여 제공한다. 환자 및 제약사 영업사원을 교육하는 일, 각종 의약학 세미나를 진행하는 일도 한다.

· 사회공헌기획가

기업, 기관, 지방자치단체 등과 협업해서 각종 사회공헌 이벤트를 기획하고 진행한다. 사회공헌 관련 교육프로그램을 만들고, 학교나 기업 등에서 강연도 한다.

· 화장품MD(Merchandiser)

소비자의 구매 패턴, 화장품의 현재 수요와 잠재 수요 등을 파악해서 누구를 위해 어떤 화장품을 만들지 기획한다. 시장에서 성공 가능성이 높은 화장품을 생산하거나 해외에서 수입하는 일을 결정하기도 한다.

· 독립투자자문업자

특정 금융사에 소속되지 않고 고객에게 수수료를 받아 금융상품을 추천하는 일을 한다. 단, 자본금 1억 원 이상을 마련한 사람만 독립투자자문업자 자격을 얻는다.

청소년의 10년 후와 직업의 10년 후

4차 산업혁명 시대가 절정을 맞이할 때가 언제일지는 아무도 모른다. 예상보다 빠를 수도, 늦을 수도 있다. 지금 청소년이 어른이 되어 직업인이 될 때쯤 절정을 달릴 수도 있고, 아직 전개에 머물 수도 있다. 현 시점에 미래의 그 시점을 내다본다면 분명 지금보다는 절정에 가까워져 있을 것이다. 4차 산업혁명과 함께 찾아온 신직업들이 더 발달했을 것이고, 새로운 직업이 더 많이 생겼을 것이다. 그러나 양적인 면에서만 본다면 신직업이 기존 직업을 추월하기는 어렵지 않을까 예상된다. 물론 이 예상은 깨질 수도 있다.

여하튼 기존 직업은 많은 변화를 겪을 것이다. 쇠퇴하거나 제자리걸음을 걷고, 성장하거나 소멸할지도 모른다. 오늘의 청소년이 직업인으로 살아갈 시점을 대략 2029년 무렵으로 본다면 기존 직업은 어떤 모습일까?

한국고용정보원은 〈한국직업전망〉에 2019년부터 2029년까지 10년 동안 우리나라 직업에 대해 전망한 결과를 기록했다. 크게 보면, 전문가 직업군과 서비스직이 증가하고, 농어업직과 판매직이 감소할 것으로 나타났다. 기능원 관련 직군은 감소가 예상됐으며, 단순 노무자 직군은 현 상태를 유지할 것으로 보였다.

이런 결과는 누가 뭐래도 4차 산업혁명과 관계가 깊다. 먼저 서비스직, 농어업직의 경우는 현대 사회로 들어서면서부터 일어난 현상이 계속 이어지는 것이다. 판매직이 줄어드는 현상은 온라인 시장의 확장이 주원인이다. 기술을 쓴다는 점은 같지만 기능원은 줄고 전문가는 느는 이유는 기술 수준 탓이다. 4차 산업혁명으로 고도화 된 기술을 쓸 줄 아는 사람이 대접받는다.

눈여겨볼 점은 단순 노무자 직군에 크게 흔들림이 없을 거라는 전망이다. 이는 4차 산업혁명이 2029년에는 절정에 이르지 못할 것이라는 전망의 반증이다. 여하튼 혁명이 줄

기차게 이어지고 있기에 단순 노무자 직군의 성장을 기대하기는 어려울 것이라는 생각이 대세이다.

이제 〈한국직업전망〉의 보고를 바탕으로 몇 가지 기존 직업의 미래를 예측해보자.

■ 경영·회계·사무 직군

(1) 병원코디네이터

· **직무:** 내국인 환자를 응대하는 경우 병원코디네이터, 외국인 환자를 응대하는 경우에는 의료관광코디네이터라고 부른다. 병원코디네이터의 주 업무는 환자나 보호자와의 상담, 환자의 예약 관리 및 사후 관리이다. 병원 홍보와 마케팅을 기획하는 일도 맡는다. 의료관광코디네이터는 외국인 환자 유치를 위해 의료서비스를 소개하는 일, 시술 분야에 알맞은 의료관광 서비스를 제공하는 일을 한다.

· **10년 후 일자리 전망:** 현 상태 유지. 하지만 병원 수가 꾸준히 늘어나고 있다는 점, 질 좋은 의료서비스를 원하는 사람이 많아진다는 점에서 미래 전망은 긍정적이다.

(2) 행정사

· **직무:** 의뢰인 대신 행정기관 및 공공기관에 제출하는 행

정서류나 법적 규정 관련 서류를 작성하고, 관련 업무를 대리 수행한다. 행정업무 자문도 행정사의 일이다.

· **10년 후 일자리 전망:** 현 상태 유지. 사회가 복잡해지고 다양해지면서 행정사의 일거리는 점점 늘어날 것으로 예상되지만, 행정사 수가 지금도 과포화 상태이므로 일자리는 큰 변동이 없을 것이다.

(3) 세무사

· **직무:** 조세 전문가로서 고객인 납세자의 세무 업무를 대리한다.

· **10년 후 일자리 전망:** 다소 증가. 산업구조가 복잡해지면서 세금에 의한 리스크를 줄이기 위한 기업, 개인이 늘어나는 상황이 세무사 증가의 한 원인이다.

■금융·보험 직군

(1) 증권사무원

· **직무:** 증권 및 선물 상품을 고객에게 중개하거나 판매한다. 증권사와 선물회사의 금융 거래에 관련된 사무를 본다. 선물(先物)이란 장래의 일정한 시기에 상품을 넘겨준다는 조건으로 현재 시점에서 가격을 정해 매매 계약을 하는 거

래 종목을 뜻한다.

· **10년 후 일자리 전망:** 다소 감소. 모바일과 온라인을 통한 금융서비스 이용 증가, 인공지능 시스템 도입이 가져온 비용 절감으로 인한 인력 감축이 주요 감소 원인이다.

(2) 보험심사원

· **직무:** 주로 대형병원에서 건강보험심사평가원에 제출할 보험 관련 서류를 검토하는 업무를 맡는다. 자동차, 선박, 항공기, 화재, 질병, 상해, 생명, 책임, 재산 등 각종 보험 거래와 관련된 사무도 본다.

· **10년 후 일자리 전망:** 현 상태 유지. 고객들의 모바일과 온라인을 통한 금융서비스 이용 증가, 인공지능 시스템 도입이 가져온 비용 절감으로 인력 감축이 예상된다. 하지만 고령 인구를 위한 대면 서비스 수요가 늘어나고, 시대 발전에 따른 다양한 보험 상품의 개발이 필요하므로 일자리는 큰 타격을 받지 않을 것이다.

■ 교육·연구 직군

(1) 유치원 교사

· **직무:** 유치원에서 근무하는 선생님이다. 유아의 발달 특

성에 따라 다양한 지도방법으로 지식, 생활습관 등을 가르친다. 유아의 안전을 지키는 것도 유치원 교사의 몫이다.

· **10년 후 일자리 전망**: 현 상태 유지. 출산율 저하로 감소할 위험이 큰 것은 사실이다. 그러나 맞벌이 가정이 늘면서 가정 내 보육이 공적 영역으로 확대되고, 교원 1인당 담당 아동 수 감소 정책이 강화되는 점을 고려하면 당분간은 일자리가 안정될 전망이다.

(2) 특수학교 교사

· **직무**: 특수학교, 일반학교 내 특수학급, 특수교육지원센터 등에서 일하는 선생님이다. 장애가 있어 특수한 교육의 대상이 되는 학생들을 돌보고 가르친다. 교과 지식을 비롯해 생활지도도 책임진다. 직업을 얻는 데 필요한 교육에도 관여한다.

· **10년 후 일자리 전망**: 다소 증가. 장애인 복지에 대한 인식 개선, 장애인 학생 지도를 위한 정책 확대 등으로 전망이 밝다.

■보건의료 직군

(1) 정신건강의학과 의사

· **직무**: 정신 장애를 예방, 진단, 치료한다. 정신 장애 및 스트레스와 연관된 다양한 신체 질환에 대한 예방 활동도 한다.

· **10년 후 일자리 전망**: 많이 증가. 과거에 비해 경쟁이 심해지고 기술 발달에 의한 변화도 빨라지면서 이에 스트레스를 느끼는 사람이 많아졌다. 이 분위기는 갈수록 짙어질 것으로 예측된다.

(2) 한약사

· **직무**: 한약국에서 한약을 조제하고 판매하는 일을 한다. 부황기, 뜸기 같은 한약재 기구 판매도 한다.

· **10년 후 일자리 전망**: 다소 증가. 고령화에 따른 만성질환자의 증가, 한약품의 건강보험 급여 확대, 한방 진료 영역의 확대 등으로 한약사의 미래는 밝다.

■사회복지 직군

(1) 상담전문가

· **직무**: 상담 받는 사람이 우울, 불안, 정신 건강 문제 등을 겪지 않도록 심리적 도움을 준다. 상담을 통해 가족 문제, 성격 문제, 진로 문제 등 다양한 문제를 함께 해결해 나간다. 특히 청소년 상담 기관이나 학교에서 근무하는 상담 전문가는 학생의 인성, 적성, 진로 등에 도움이 되는 상담을 실시하고 상담 프로그램을 개발한다.

· **10년 후 일자리 전망**: 많이 증가. 사회가 빠르게 변해가면서 현대인의 정신건강이 개인뿐 아니라 사회적 문제가 되었다. 즉 모두의 이슈가 되면서 상담 받는 것에 대한 거부감과 왜곡된 시선이 줄어들었다. 정부도 정신건강 증진을 위한 정책 마련에 힘쓰면서 상담전문가의 역할이 중요해졌다.

(2) 직업상담사

· **직무**: 고용노동부가 운영하는 고용센터에 속한 직업상담사는 구직자를 위해 취업 알선, 직업소개, 고용보험 업무 등을 한다. 지방자치단체의 취업정보센터, 여성·청소년·노인 관련 단체나 대학교의 취업정보실에서 일하는 직업상담

사도 있다. 소속이 어디든 직업상담사는 직업명처럼 창업, 경력개발, 은퇴 후 진로 등 직업 관련 상담이 주된 업무다.

· **10년 후 일자리 전망:** 다소 증가. 고령화로 인해 은퇴 후에도 취업을 원하는 노인이 늘고 있으며, 외국인 노동자, 청년 실업자, 경력 단절 여성이 구직을 위해 상담을 요청하는 일이 잦아지고 있기 때문이다.

■문화예술 직군

(1) 큐레이터(학예사)

· **직무:** 박물관이나 미술관에서 전시를 기획하고 진행한다. 작가 및 작품 섭외, 소장품 수집을 위해 지방이나 해외로 출장을 가기도 한다.

· **10년 후 일자리 전망:** 다소 증가. 과거에 비해 노동 시간이 줄면서 문화생활을 누리려는 욕구가 늘어났다. 세상이 복잡해지면서 문화생활을 통해 쉼과 안정을 얻으려는 사람도 많아졌다. 정부에서도 우리 문화를 통해 정체성을 찾고자 문화 시설을 세우는 데 힘을 쏟고 있다. 일련의 상황은 큐레이터에게 청신호다.

(2) 문화재보존원

· **직무**: 역사적, 예술적 가치가 있는 건조물, 서적, 미술품, 공예품, 조각품 등의 유형문화재를 과학기술을 사용해 보존하고 수리한다. 문화재를 복원하는 일도 문화재보존원의 몫이다.

· **10년 후 일자리 전망**: 현 상태 유지. 국민의 문화생활 욕구와 정부의 문화 시설 세우기 정책은 분명 긍정적으로 작용한다. 그러나 문화재보존원이 주로 일하는 국공립 박물관은 인력을 크게 늘릴 수 없는 형편이다. 또 다른 일터인 보존과학[●] 업체도 시장은 작은데 개수는 많아 고용에 힘을 보태지 못한다.

(3) 신문기자

· **직무**: 신문사는 보통 정치부, 사회부, 문화부, 경제부, 국제부, 체육부 등으로 취재 분야가 나뉘어 있다. 해당 분야에 속한 신문기자는 전문성을 발휘해 취재를 하고 기사를 작성한다.

●　문화재의 물질적인 구조와 재질을 밝혀 노화, 붕괴 같은 변화를 연구하고, 그 연구를 바탕으로 문화재를 수리하고 복원하기 위한 과학.

· **10년 후 일자리 전망:** 다소 증가. 인터넷신문의 발달로 종이신문은 쇠퇴했다. 종이신문 기자의 일자리는 소폭으로 증가, 인터넷신문 기자의 일자리는 큰 폭으로 증가했다. 인터넷신문 기자의 약진이 신문기자의 위상을 지키고 있는 셈이다. 전체적으로 신문의 위상은 낮아졌지만 인터넷을 바탕에 둔 새로운 신문 매체가 꾸준히 늘어나면서 기자의 미래도 긍정적인 편이다.

미래 직업을 대하는
청소년의 자세

두렵다면 움직여라

한 치 앞도 모르는 게 인생이다. 십 년 뒤, 수십 년 뒤를 예측하는 일은 더더욱 어렵다. 모든 예측은 빗나감을 전제로 한다. 따라서 알 수 없는 미래가 불안하고 걱정되는 것은 청소년 시기에는 특히 자연스러운 일이다. 그러나 불안과 두려움 때문에 동굴 속에서 움츠린 채 살 수는 없는 노릇이다. 동굴 속의 미래는 어둠뿐이다.

개가 짖고 무는 것은 공포심 때문이라고 한다. 공격적 성향을 가진 사람 역시 그 밑바닥에 공포심이 깔려 있는 경우가 많다고 한다. 즉 공격은 불안과 두려움을 떨쳐내고 싶은 무의식적 행동인 것이다. 그런데 생각의 각도를 살짝 바꾸면 불안과 두려움을 공격할 용기를 주는 에너지로도 볼 수 있다.

'공격'이란 말을 '움직임'으로 바꿔 보자. 움직이면 미래를 향한 두려움에서 벗어날 수 있다. 불안하다고 동굴 속에 처박혀 사는 것보다 조금이라도 움직여보면 어떨까. 움직인다는 것은 대단한 행동이 아니다. 책 읽고, 영화 보고, 박물관도 가고, 봉사활동도 하면서 다양한 직간접 체험을 하는 것이다. 종교가 있든 없든 기독교의 예배, 불교의 법회, 천주교의 미사도 한 번쯤 참여해보는 것도 괜찮은 체험이다. 경험에서 얻는 지식과 깨달음은 차곡차곡 쌓여 미래의 어느 순간 가공할 만한 에너지가 된다.

앞서 말한 무라카미 하루키의 인생담을 곱씹어 보자. 하루키가 소설가로서 대성하고 오래가는 힘은 다양한 경험에서 나왔다. 위대한 화가 고흐는 어떨까? 그는 어린 시절부터 그림 솜씨가 빼어난 편이 아니었다. 그림보다 곤충을 더 좋아했다. 곤충학자처럼 세밀하게 곤충을 관찰할 뿐만 아니라 수집하고 분류까지 할 정도였다. 곤충에 보인 이 열정은 훗날 고흐의 그림 세계가 자연으로 향한 것과 관계가 깊은 것으로 짐작된다. 고흐는 열여섯 살 때 화랑에서 일하기도 했다. 그는 화랑에서 일하던 중 밀레의 〈이삭 줍기〉를 보고 감동을 받는다. 이후 밀레의 작품들은 고흐에게 막대한 영향을 끼쳤다. 만약 고흐가 화랑에서 일하지 않았다면 천재 화가 고흐는 탄생하지 않았을지도 모른다.

이 글을 읽는 청소년들은 동의하지 않을 수 있겠지만 여러분에게는 주어진 특혜가 있다. 그 특혜는 '가능성'이다. 아직 아무것도 정해진 것이 없기에 무엇이든 될 수 있는 가능성이다. 그러나 가능성은 가만히 있으면 사라진다. 가능성을 살릴 수 있는 사람은 오직 자기 자신이다.

본질은 쉽게 변하지 않는다

텔레비전이 탄생했을 때 이제 영화관은 문을 닫을 거라는 예상이 우세했다. 스포츠 경기장도 걱정이 많았다. 텔레비전으로 경기를 중계하면 경기장을 찾는 발길이 뚝 끊길 줄 알았다. 그러나 우려했던 일은 일어나지 않았다. 사람들은 텔레비전으로 영화, 스포츠 경기를 보지만 여전히 영화관과 경기장을 찾는다. 텔레비전은 영화관이 주는 웅장함, 다른 관객과의 유대감, 나들이의 즐거움 들을 주지 못하기 때문이다. 또한 텔레비전으로는 경기장의 생동감, 응원의 열기 등을 느끼기 어렵다.

전자책이 등장했을 때 곧 종이책이 사라질 거라고 말한 사람이 많다. 값싸고 편하게 읽을 수 있는 전자책이 비싸고 휴대도 불편한 종이책을 밀어낼 거라 예상했다. 하지만 결과는 동반성장에 가까웠다. 독자들은 컴퓨터나 모바일 기기로 전자책을 읽으면서도 서점에서 종이책을 산다. 책장을 넘기는 느낌, 소장의 기쁨은 종이책에서만 맛볼 수 있기 때문이다.

텔레비전과 종이책 사례에서 한 가지 가르침을 얻을 수 있다. 본질은 쉽게 변하지 않는다는 사실이다. 이 사실은 라면에서도 확인된다. 한때 하얀 국물 라면이 선풍적 인기를 끌었지만, 결국 빨간 국물 라면이 다시 시장을 주름잡았다. 소비자는 라면의 본질인 얼큰한 맛을 잊지 못한 것이다. 여하튼 하얀 국물 라면의 탄생으로 소비자는 이득을 보았다. 선택권이 넓어졌으니 말이다.

소방관은 사라질까, 사라지지 않을까?

여러분은 지금 꿈을 정했는가? 확실히 정하지는 않았더라도 되고 싶은 직업은 있는가? 혹시 본인이 꿈꾸고 바라는 직업이 미래에 사라질까 봐 걱정되는가? 그렇다면 걱정을 접기 바란다. 물론 걱정하는 일이 실제로 일어날 수도 있지만, 꼭 비관할 일은 아니다. 본질은 살아 있는 상태로 선택권이 넓어지는 상황이 생길 수도 있다.

예를 들어 소방관이라는 직업을 살펴보자. 현재 재난 현장에서는 드론이 활약 중이다. 처음에는 비행하면서 재난 상황을 파악하거나 실종자를 찾는 일에 그쳤지만 지금은 공중에서 소화약제를 뿌려 불을 끄는 일까지 하고 있다. 다만 화재진압 드론은 아직 폭넓게 사용되고 있지는 못하다. 그런데 화재진압 드론이 눈부시게 활약할 날이 머지않았다. 불길에 휩싸인 건물 속까지 들어가 사람을 구할 날도 점점 다가오고 있다. 이렇게 드론의 활약 무대가 넓어지면 소방관은 설 자리를 잃을까? 화마와 싸우며 사람을 구하는 모습에 감동해 소방관의 꿈을 품은 청소년은 그 꿈을 접어야 할까?

드론이 발전하면 화재진압 대원이 다소 줄어들 수는 있다. 하지만 화재진압 대원이 드론 교육을 받고 소방서의 드론 조종사나 드론 조종 교관으로 변신할 수도 있다. 실제로 지금 소방관 세계에서는 기존 소방관이 드론 교육을 받아 드론팀을 운영하고 있다. 드론 덕분에 선택의 폭이 넓어진 셈이다.

물론 직무가 변하는 아쉬움과 새 직무를 익혀야 하는 번거로움은 피할 수 없지만, 새로운 기회인 것만은 틀림없다. 한편 2023년부터는 소방공무원 시험에서 드론 관련 자격증이 있는 사람에게 가산점이 주어진다. 이는 소방관의 꿈을 포기하려던 청소년에게 희소식일 수도 있다. 비록 새롭게 드론을 공부해야 하는 번거로움은 있지만, 그 공부가 꿈으로 가는 지름길이 될 수 있다.

소방관의 본질은 재난으로부터 국민의 생명과 재산을 보호하는 일이다. 드론이 불을 끄든, 로봇이 불을 끄든, 자율주행자동차가 소방차와 구급차를 운전하든 이 본질은 변하지 않는다. 직무, 채용 인원 등의 변화는 찾아오겠지만 본질을 잊지 않는 소방관, 그리고 미래의 소방관은 너끈히 그 변화를 이겨낼 것이다.

창직하며 놀자

미래학자들은 4차 산업혁명 시대를 사는 사람은 일생 동안 약 5가지 직업에 종사할 것이라고 내다본다. 고도의 기술 발달로 새로운 산업과 직업이 생겨나고, 로봇과 인공지능이 일자리를 앗아갈 수 있기에 이와 같은 전망을 내놓은 것이다. 이 전망대로라면 미래는 평생직장도, 평생직업도 없는 시대가 된다. 이러한 미래를 앞둔 청소년에게 요구되는 능력이 있다. 진로를 스스로 설계하는 능력이다. 이를 진로개발 능력이라 이름한다. 다가올 변화에 대응하기 위해서는 진로개발 능력을 갖출 필요가 있다.

진로개발 능력을 갖추는 데 좋은 활동은 바로 창직이다. 창직이란 한마디로 직업을 창조하는 일이다. 보다 구체적으로 말하면, 자신의 능력과 의지로, 자신의 참신한 아이디어로 세상에 없는 직업을 만들어 노동 시장에 뛰어드는 일이다. 창직의 성공 요인은 시장성이다. 시장에서 성공할 가능성이 있는지를 따지는 것이 가장 중요하다.

실제 창직의 좋은 보기로 '반려동물장의사'를 들 수 있다. 반려동물장의사는 장례 대상이 반려동물이라는 것뿐 사람을 상대하는 장의사와 같은 일을 한다. 반려동물 인구도 점점 증가하고, 반려동물에 대한 인식도 많이 개선된 상태이므로 이 직업은 시장성이 좋다고 볼 수 있다.

지금 당장 청소년 신분으로 창직을 해서 시장에 들어가기는 현실적으로 어렵다. 지금은 그냥 놀이처럼 창직을 하면 된다. 시장에 들어가는 건 나중에 생각하고, 일단 마음껏 직업을 창조해보자. 창직하는 과정에서 자신의 적성, 능력, 취향, 직업 가치관 등이 반영되기 마련이다. 이 요인들이 반영되면서 진로개발 능력이 마음속에서 자라나게 된다.

어렵게 생각할 것 조금도 없다. 아래 예시처럼 직업명을 정하고, 하는 일을 한두 줄 써보는 것이다.

[창직 예시]
- 직업명: 인공지능 마스크 제조자
- 직무: 인공지능 살균기를 마스크에 장착하여 마스크의 겉과 속을 소독하는 마스크를 만든다.

창직 놀이(직업 피자 만들기)

창직 놀이의 하나로 '직업 피자' 만들기가 있다. 아래처럼 동심원을 그린 뒤, 가운데 작은 원에 기존 직업 하나를 골라 적는다. 그다음 큰 원을 피자처럼 8조각을 낸 뒤 기존 직업에서 파생될 수 있는 직업을 적는다. 물론 자신이 창조한 직업을 적는 것이다. 8가지 직업을 창직했다면, 각각 그들이 하는 일(직무)도 적어 보자.

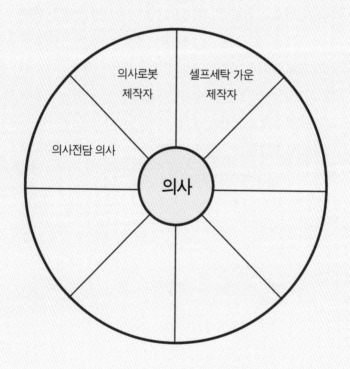

창직한 직업	직무
의사전담 의사	직업이 의사인 사람만 진료하고 치료한다.
의사로봇 제작자	인간 의사 대신 일을 하는 의사로봇을 만든다.
셀프세탁 가운 제작자	버튼만 누르면 입은 상태로 자동 세탁이 되 는 의사 가운을 만든다.

영화와 소설 속에서 만나는 직업

■ 영화 <라디오 스타>

한물간 록 가수와 그를 뒷바라지하는 매니저와의 우정을 그린 작품이다. 록 가수의 화려한 재기를 누구보다도 원하는 매니저는 그를 지방방송 라디오 프로그램 진행자로 세운다.

◆ 어떤 직업이 나왔을까?: 연예인 매니저

연예인 매니저는 연예인의 활동 일정을 관리하고, 출연 작품이나 출연 프로그램을 정하기 위해 연예인과 의논한다. 연예인의 좋은 이미지를 위해 아이디어를 짜고, 출연 기회를 잡기 위해 영화사와 방송국 등에 홍보도 한다. 담당하는 연예인과 일정을 함께 소화하며 같이 보내는 시간이 많으므로 연예인과 끈끈한 유대관계를 쌓는 것이 중요한 직업이다.

스포츠에이전트의 이야기다. 스포츠에이전시의 직원 제리 맥과이어는 소수 고객만 집중 관리하자는 제안서를 냈다가 회사 이익에 반한다는 이유로 해고당한다. 이후 자신이 스포츠에이전시를 세우지만 스타 선수를 영입하지 못해 고전한다.

◆ 어떤 직업이 나왔을까?: 스포츠에이전트

스포츠에이전트는 유능한 선수를 발굴해서 선수의 상품성을 키우는 직업이다. 자신이 담당한 선수의 연봉협상, 광고계약, 이적, 해외진출, 홍보 및 마케팅 등의 업무를 대리한다. 의료지원, 법률지원, 선수 가족에 대한 지원, 팬 관리 같은 서비스도 제공한다.

1930년대 미국 대공황기 세일즈맨이었던 한 가장의 비극을 그린 작품이다. 평생을 바친 회사에서 해고당한 63세의 늙은 세일즈맨은 보험금을 받아 가족에게 주기 위해 스스로 목숨을 끊는다.

◆ 어떤 직업이 나왔을까?: 세일즈맨

세일즈맨은 몸소 고객을 찾아다니면서 제품을 파는 외판원 혹은 방문판매원을 뜻한다. 한국고용정보원의 〈한국직업사전〉에는 방문판매원으로 등록되어 있다. 세일즈맨은 보험, 화장품, 출판 등 여러 산업 분야에 존재한다. 어떤 산업 분야든 실적에 따른 스트레스가 큰 편이다.

■ 소설 〈미스 함무라비〉

지하철 성추행범을 현행범으로 붙잡아 경찰에 넘길 만큼 다혈질인 초임 판사가 법과 정의에 따라 판결하기 위해 고군분투하는 모습을 담은 소설이다. 그런 후배의 모습에 당혹해하는 선배 판사의 모습은 또 다른 재밌거리다. 드라마로도 만들어졌다.

◆ 어떤 직업이 나왔을까?: 판사

판사는 재판을 진행해서 법률에 근거해 유죄와 무죄를 가리는 판결을 내린다. 바른 판결을 내리기 위해서는 변호사와 검사의 논쟁, 변호사 및 증인의 진술, 사건 증거 등을 꼼꼼하게 검토하고 객관적으로 분석해야 한다. 출근해서 퇴근할 때까지 재판에 관련된 서류와 씨름해야 하는 것이 스트레스 요인이기도 하다.

■ 만화 <미스터 초밥왕>

열일곱 살 소년 쇼타는 최고의 초밥 요리사가 되는 것이 꿈이다. 그 꿈을 이루기 위해 일본 도쿄의 한 초밥집에서 배달, 청소, 접시닦기 등을 하며 한 발 한 발 꿈을 향해 나아간다.

◆ 어떤 직업이 나왔을까?: 일식조리사

일식조리사는 일식 식당에서 각종 육류, 생선류, 면류 등의 일본식 요리를 조리하는 요리사이다. 일식조리기능사 자격증을 따면 일식조리사로 활동하는 데 유리하다.

■ 애니메이션 <빅히어로>

비뚤어진 복수심으로 도시를 파괴하려는 기성 로봇공학자에 맞서는 소년 로봇 천재 히로의 이야기다. 히로는 사람의 건강을 체크하고 치료를 도와주는 힐링로봇 '베이맥스'를 슈퍼히어로 로봇으로 업그레이드해 도시를 지킨다.

◈ 어떤 직업이 나왔을까?: 로봇공학자

　로봇공학자는 한마디로 로봇을 만드는 사람이다. 로봇의 뼈대인 프레임을 설계하는 로봇기구개발자, 사람의 두뇌와 같은 역할을 하는 제어 보드를 설계하는 로봇 하드웨어 설계 기술자, 제어 보드에 쓰이는 각종 소프트웨어를 만드는 로봇 소프트웨어개발자, 프레임을 바탕으로 로봇의 외모를 디자인하는 로봇 디자이너 등이 모두 로봇공학자에 속한다.